Johannes März

Christoph Kolumbus

Die Entdeckung der Neuen Welt

REPRINT – VERLAG
LEIPZIG

Die zum Teil geminderte Druckqualität ist auf den
Erhaltungszustand der Originalvorlage zurückzuführen.

Bibliographische Information der Deutschen Nationalbibliothek
Die Deutsche Nationalbibliothek verzeichnet diese Publikation in der
Deutschen Nationalbibliographie; detaillierte bibliographische
Daten sind im Internet über www.d-nb.de abrufbar.

© **REPRINT-VERLAG-LEIPZIG**
Volker Hennig, Goseberg 22-24, 37603 Holzminden
www.reprint-verlag-leipzig.de
ISBN 978-3-8262-1315-1

Neuausgabe der Originalausgabe von 1906
nach dem Exemplar des Verlagsarchives

Lektorat: Andreas Bäslack, Leipzig
Einbandgestaltung: Jens Röblitz, Leipzig
Texterfassung: Gerda Kaunath, Holzminden
Gesamtherstellung: Westermann Druck Zwickau GmbH

Inhalt

Einleitung

Das 15. Jahrhundert, das Jahrhundert der Entdeckungen, hat vor allem eine Frage endgültig gelöst, worüber die Menschheit schon seit den ältesten Zeiten nachgedacht hatte: die Frage nach der Gestalt der Erde und der Verteilung von Land und Wasser auf ihr. Wer heute bei der Betrachtung des Globus die Lage der Erdteile und der sie trennenden Meere unverrückbar fest aufgezeichnet findet, macht sich schwerlich einen rechten Begriff von den Anstrengungen, die es gekostet, den Zeiträumen, die es gedauert hat, um bis zu diesem Punkt geographischer Kenntnis zu gelangen.

Alle Kulturvölker der alten orientalisch-griechischen Welt und Europas haben an der Lösung der Aufgabe mitgearbeitet, und es ist eine stattliche Reihe von Männern, denen die Menschheit die Kenntnis der Erde verdankt. Wir sehen die einen kecken Mutes auf unbekannte Meere, in nie betretene Länder hinausziehen, der Neugier, der Abenteuerlust oder lockendem Gewinn folgend; die andern im stillen Zimmer des Gelehrten sitzen und aus den Ergebnissen der Reisen jener kühnen Pioniere ein Bild der Welt zusammenstellen.

Und wie viele solche verschiedene Weltbilder sind im Laufe der Jahrhunderte konstruiert worden! Jede Zeit, jeder solche Kosmograph – so nannte man diese Gelehrten, die sich mit der Wissenschaft der Welt beschäftigten – dachte, nun sei das rechte Bild fertig und nichts könne mehr daran geändert werden, bis schließlich ein kühner Reisender, der mit Hilfe einer solchen Karte eine Fahrt unternahm, fand, dass doch nicht alles richtig war. So wurde mühsam Strich um Strich in die Karten eingefügt, ein Erdteil nach dem anderen erschien in seiner wahren Gestalt oder ganz neu auf den Darstellungen der Erdoberfläche, auf der nun heute nur noch die Erdmassen unter den Eispolen der Entschleierung harren.

Stets war das Erstaunen groß, wenn wieder ein neues Land in den Gesichtskreis der Völker trat, die so emsig die Erforschung der Erde betrieben; aber keine Entdeckung hat eine solche Umwälzung in den Anschauungen der Menschen von der Erdgestaltung bewirkt, wie die Entdeckung von Amerika; so unfassbar schien das Vorhandensein eines vierten Erdteils jener Zeit, dass der Entdecker selbst daran nicht glauben wollte. Denn er stand mit seinen geographischen Kenntnissen auf den Schultern der früheren Jahrhunderte, für die das Bild der Welt eben auch abgeschlossen war. Nicht stürmte Kolumbus in eine unbekannte Welt, vielmehr lag ein wohlberechneter Plan seiner Fahrt zu Grunde, der im Laufe der Jahrhunderte selbst herangereift und dessen Ausführung erst zu einer Zeit sich ermöglichen ließ, die auch in der Technik des Schiffbaues und in den Wissenschaften, die zur Seefahrt gehören, eine gewisse Höhe erreicht hatten. Das war die Zeit des Kolumbus.

Wenn man daher die Geschichte dieses Mannes und seiner Entdeckung recht verstehen will, muss man erst einen Überblick über die Entwicklung der Wissenschaften gewinnen, mit deren Hilfe die Entdeckung Amerikas überhaupt möglich war; und es gewährt ein lebendiges Interesse, zu sehen, wie ein Plan allmählich entstand, der, da er auf falschen Anschauungen fußte, auch zu einem ganz anderen Ziel führte, als ursprünglich beabsichtigt war: zur Entdeckung Amerikas.

Die ersten Anregungen zum Nachdenken über die Welt und ihre Gestaltung gingen aus den Beobachtungen der Himmelskörper hervor, wie sie von den alten Kulturvölkern der mesopotamischen Tiefebene und später von den Ägyptern angestellt wurden. Diese Völker wurden durch ihre Religion, die in der Anbetung der Gestirne bestand, auf die Betrachtung des Himmels hingewiesen. Ihr Glaube, dass die Bewegungen der Sterne das Geschick der Menschen beeinflussten, veranlasste sie, allabendlich von den platten Dächern ihrer Tempel aus, die Erscheinungen am Himmel genau zu verfolgen und in ihren Kalendern zu verzeichnen. Weiter ging die Wissenschaft dieser Volker nicht; zu ihren bewunderungswürdigen Kenntnissen vom Himmel steht in sonderbarem Widerspruch ihr geringes Wissen über die Erde selbst, des Landes, in dem sie wohnen.

Den großen Schritt von der Betrachtung des Himmels zum Studium der Erde haben die Gelehrten der Griechen getan. Schon die Dichter dieses Volkes hatten sich damit beschäftigt, wie wohl die Erde gestaltet sein möchte. Sie ersannen das Märchen von der Erdscheibe, die auf dem großen Okeanosfluss schwimmt und von der blauen Kristallglocke des Himmels überdeckt ist.

Dem scharfdenkenden Verstand der Philosophen musste dieses Bild der Erde lächerlich erscheinen; sie versuchten, mit Hilfe der babylonischen Himmelswissenschaft bessere Weltbilder zu konstruieren, die allerdings teilweise auch recht merkwürdig aussahen und noch lange die Erdscheibe beibehielten. Diese Vorstellung wurde zum ersten Mal für falsch erklärt von Pythagoras, dem großen Philosophen aus Kroton in Unteritalien (500 v. Chr.). Er hatte bei den Sonnen- und Mondfinsternissen stets den kreisrunden Schatten merkwürdig gefunden und durch Experimente festgestellt, dass nur eine Kugel einen solchen wirft, wenn sie von einer Seite beleuchtet

4

wird. Daraus folgerte er, dass die Himmelskörper und mit ihnen die Erde Kugelgestalt haben müssten.

Natürlich glaubten ihm das von seinen Zeitgenossen nur wenige; die meisten, besonders das Volk, meinten nach wie vor, dass sie auf einer Scheibe wohnten, und so fand der Komödiendichter Aristophanes lauten Beifall, als er in einem Theaterstück seine Witze über die klugen Geographen machte, die behauptet haben, die Erde wäre rund und man könnte darum herumlaufen, wie die Fliege um einen Apfel.

Um solchen Spott kümmerten sich aber die Philosophen nicht. Der große Aristoteles (gest. 322 v. Chr.), dessen Geist das gesamte Wissen seiner Zeit umfasste, war derselben Meinung wie Pythagoras. Er und seine Schüler führten das Weltenbild noch weiter aus. Die Erdkugel, so lehrte er, ist an einer diamantenen Achse befestigt, die wie eine Spindel aussieht. Um diese dreht sie sich und mit ihr noch sieben andere hohle Kugeln oder Sphären von ungeheurer Größe. Die Erde selbst ist an ihrer oberen Rundung von einer sehr großen Insel, der so genannten Oikumene bedeckt, das ist unser Festland. Es wäre gar nicht unmöglich, meinte er, von dem Westrand dieser Insel nach dem Ostrand zu fahren, es hat es nur noch niemand versucht, auch sei es nicht ausgeschlossen, dass es außer der Insel, vielleicht auf der anderen Seite der Erdkugel, noch ein gleiches Festlandsstück gebe. Sollten dort auch Menschen wohnen, so würden diese mit den Füßen gegen uns stehen, denn auf dem Kopf könnten sie doch nicht gehen. Er nannte diese Menschen daher Gegenfüßler (Antipoden).

Diese Lehre des Aristoteles war das erste abgeschlossene Weltbild, an dem auch spätere Zeiten nur wenig geändert haben. Es hat sich unter dem Namen des Ptolemäischen Weltsystems bis auf die Zeiten des Kolumbus erhalten, und solange sind auch die Irrtümer geglaubt worden, die Aristoteles aus mangelnder Kenntnis der Tatsachen mitgepredigt hatte. Auch Kolumbus war daher überzeugt, dass in der heißen Zone wegen der fürchterlichen Hitze überhaupt weder Pflanzen noch Tiere noch Menschen zu finden seien; ebenso mache in den nördlichen Gegenden die Kälte jedes Leben unmöglich; in der Nähe des Äquators seien die Menschen alle kohlschwarz und was dergleichen Märchen mehr waren.

Mit Spekulationen über den Bau des Weltalls beschäftigten sich natürlich nur die Gelehrten, den meisten Leuten war es ziemlich gleichgültig, wie die Erde aussehe; sie verstanden auch viel zu wenig von dieser Wissenschaft. Was ging es schließlich einen Kaufmann an, ob die Erde rund sei oder eine Scheibe? Für ihn handelte es sich hauptsächlich darum, zu wissen, wie weit das Land sich erstreckte, was für Völker da und dort wohnten, welche

Pflanzen und Tiere und vor allem, welche wertvollen Dinge es da gebe. Über solche Fragen berichteten die Reisenden und die Kaufleute, die seit den ältesten Zeiten keck in fremde Länder zogen, wenn es nur dort etwas zu verdienen gab. Nach ihren Erzählungen wurden dann Karten gezeichnet. Im Anfang war freilich nicht viel darauf zu sehen: Griechenland, Ägypten, ein Stück von Asien, dahinter ging es gewöhnlich ins Unbekannte. Aber mehr und mehr vergrößerte sich das Bild, und mächtig wurde der Blick erweitert, als Alexander der Große seinen Zug nach Kleinasien unternahm, um das Perserreich zu zerstören. Er hatte nicht nur Geographen in seinem Gefolge, sondern auch Schrittzähler, so genannte Bematisten, welche die Entfernung der einzelnen Orte feststellen sollten.

Der Makedonierkönig rückte bekanntlich auf seinem berühmten Marsch bis an den Indus vor, und da schon hellenische Kriegerscharen zum ersten Mal I n d i e n , das Land, das bis auf unsere Tage einen eigentümlichen Reiz auf die Völker von Europa ausgeübt hat. Wie es noch heute vom Zauber des Geheimnisvollen umschwebt ist, so galt es in den Zeiten des Mittelalters als das glücklichste Land, wo die Natur ihre Gaben in verschwenderischer Fülle ausgestreut hat. Gewürze, Seide, Gold und Edelsteine, gestickte Gewänder, kunstvoll gewebte Teppiche, schön geschmiedete Wagen kamen aus Indien schon seit erdenklichen Zeiten. Dieser uralte Handelsverkehr geschah aber nicht direkt, vielmehr empfingen die europäischen Kaufleute die indischen Waren durch die Vermittlung der dem Abendland zunächst wohnenden orientalischen Völker, der Phönizier und Perser, später der Ägypter und Araber. Bis auf die Zeiten Alexanders war es nur ganz selten einigen besonders wagemutigen Kaufleuten gelungen, sich durch die halbwilden fremden Völkerschaften hindurchzuschlagen und so Indien selbst zu schauen. Wenige kamen zurück und ihre Berichte wurden nicht in weiteren Kreisen bekannt. Das geschah erst durch die Krieger, die den indischen Feldzug des Makedonierkönigs mitgemacht hatten. Und was die heimkehrenden Veteranen erzählten von der unbeschreiblichen Pracht der tropischen Landschaft, von den Pfauen, die in diesem glücklichen Land wild umherliefen, von den reichen indischen Fürsten, die auf prachtvoll geschmückten Elefanten daherritten, das war geeignet, die Phantasie der Zuhörer mächtig zu erregen.

Freilich wusste niemand, selbst Gelehrte nicht, die genaue Lage anzugeben, Indien war der ganze Osten, und ein Geschichtsschreiber sagt: „Soweit wir wissen, sind alle Menschen, die gegen Sonnenaufgang wohnen, Inder, und dahinter ist eine große Wüste". Dennoch wurden Versuche gemacht, direkt mit Indien in Verkehr zu treten; es wurden Gesandtschaften dahin abgeordnet, von denen eine römische sogar bis China gekommen ist,

6

aber die ungeheure Größe der Entfernung, die Unsicherheit der Reise, die Kosten, die sie verursachte, legten unüberwindliche Hindernisse in den Weg, so dass wir dem Geographen Strabo (200 v. Chr.) glauben können, wenn er schreibt: „Indien ist sehr entlegen, und nicht viele der Unseren haben es gesehen, und die es gesehen, haben nur einige Teile kennen gelernt und erzählen das Meiste vom Hörensagen. Was sie gesehen haben, das haben sie bloß auf Kriegszügen und in der Eile wahrgenommen". Kaufleute suchten vor allem auch das Land der Serer, wo die Seide herkommen sollte, und da damals noch ein Kanal den Nil mit dem Roten Meer verband, so war es einem griechischen Kaufmann, namens Alexandros, auch wirklich gelungen, über Java bis zum Jangtsekiang zu gelangen. Das Land der Serer hat er nicht gefunden, man wusste damals noch nicht, dass eben China selbst dieses Land sei. Er wird auch vergeblich nach den wunderbaren Inseln Chryse (Goldinsel) und Argyre (Silberinsel) gesucht haben, von denen einige Schriftsteller behaupteten, der Boden bestände ganz aus Gold und Silber, während andere meinten, das sei wohl etwas übertrieben, aber sicherlich strotzten die Berge von diesen edlen Metallen. – Es hat lange gedauert, bis man im Abendland erkannte, dass diese Gold- und Silberinseln nichts als ein lockendes Phantasiegebilde waren. Immer weiter nach Osten rückten sie hinaus, je mehr man sich ihnen näherte, und endlich zerrannen sie in nichts wie ein goldener Traum.

Ähnliche Erfahrungen machten die Schiffe, die nach Westen hin steuerten, um die „Inseln der Seligen" zu finden, die im Atlantischen Ozean irgendwo liegen sollten. Begeistert sangen die Dichter von diesem „Land der Heimgegangenen", wo „nie Schnee im Winter, nie strömender Regen die Menschen belästigen, sondern ewig wehen die Gesäusel des leise atmenden Westes". Weiter nördlich, wo heute die Karte die Shetlands- und Orkney-Inseln zeigt, lag die Insel Thule, die Grenze des Erdkreises im Westen, das glückliche Land, wo Treu und Glauben noch nicht ausgestorben sind, wo nie die Sorge ankert, weil die Götter selbst das Eiland schützen. Vergeblich fährt dahin, wer nicht ein Liebling der Götter ist; nur ihm senden sie günstigen Wind, nur ihm lenken sie den Kiel nach dem Hafen von Thule; andere sehen nur von Ferne seine grünen Wälder in blauen Dunst gehüllt. So erzählen die Dichter. Pytheas aber, ein griechischer Kaufmann und Gelehrter, behauptete, dort gewesen zu sein. Er hatte um dieselbe Zeit, als Alexander seinen Zug nach Indien unternahm, eine Reise zur See von Massilia, dem heutigen Marseille, aus nach Norden angetreten. Eigentlich wollte er bis zum Polarkreis vordringen, indessen musste er dieses Ziel aufgeben, weil, wie er erzählt, da oben im Norden Wasser , Erde und Luft einen zähen Brei bilden, der die Schifffahrt unmöglich macht. Auch könne man sich nicht mehr zurechtfinden, wegen der Finsternis, die ewig auf diesen Breiten lastet. So musste er sich begnügen, nach Britannien und von dort nach den Shetland-Inseln zu fahren; die erste von diesen, so behauptet er, sei Thule. Da er in Geographie und Mathematik wohl unterrichtet war, so konnte er sorgfältige Berechnungen und astronomische Beobachtungen anstellen, über die er nach Vollendung seiner Fahrt Bericht erstattete. Das Interessanteste, was er dabei erzählt, ist ohne Zweifel die Behauptung, dass Ebbe und Flut durch die Anziehungskraft des Mondes verursacht würde; denn an der Richtigkeit dieser Beobachtung hat auch die fortgeschrittene Wissenschaft nichts zu ändern vermocht.

Man muss überhaupt staunen, wenn man die Kenntnisse der Griechen in Bezug auf Geographie überblickt, besonders wenn man bedenkt, wie wenig von unseren großartigen Apparaten, Fernrohren und Vermessungsinstrumenten ihnen zu Gebot standen. Wie trefflich wussten sie aus ihren Beobachtungen die richtigen Schlüsse zu ziehen, wie eifrig suchten sie auf Eroberungszügen wie auf friedlichen Handelsfahrten vor allem auch Nachrichten über die Größe und Ausdehnung der fremden Gebiete einzusammeln und dann für die Wissenschaft zu verwerten! Verglichen mit ihren Leistungen erscheinen die anderer Völker geringwertig. Was aber das Größte ist: reiner Forschungseifer drängte viele von ihnen in ferne Gegenden hinaus, nicht nur Gewinnsucht, wodurch z.B. die Phönizier und die ihnen stammverwandten Karthager geleitet wurden.

Lange bevor die Griechen über die Grenzen ihres Landes hinausgekommen waren, hatten die Phönizier, an den Inseln und Küsten unablässig sich gleichsam weiter hinaustastend, das Mittelmeer durchkreuzt, waren sie schon durch die Meerenge von Gibraltar gefahren. Aber statt ihre Erfahrungen auch anderen zuteil werden zu lassen, hüteten sie ihre Kenntnisse wie Geheimnisse. Ja, damit nicht etwa Kaufleute anderer Völker ihren Spuren folgten, sprengten sie allerhand schauerliche Geschichten aus. Dunkle Nebel, so erzählten sie, lagern sich über dem Atlantischen Ozean, unfreundliche Gestirne führen den Schiffer in die Irre, kein Wind schwellt die Segel. An der Meerenge von Gibraltar, die damals den Namen „Säulen des Herkules" trug, standen darum – so erzählten sie – zwei Statuen von Männern, die mit warnender Gebärde den Schiffer abzuhalten suchten, in das unwirtliche Meer hinauszufahren. Soweit ging die Habsucht dieser Krämervölker, dass einst ein karthagischer Kapitän, als er sah, dass ein römisches Schiff ihm folgte, sein Fahrzeug lieber auf den Strand auflaufen ließ, um seinen Kurs nicht zu verraten. Daheim ersetzte man ihm Schiff und Ladung und belohnte ihn wegen seiner Klugheit!

8

Es fehlte, wie man sieht, diesen Völkern der große Zug, der Hang zum Ideal, der über dem Gewinn nicht vergisst, dass es die Aufgabe der Menschheit ist, den Horizont des Wissens zu erweitern, dass die Erde dem Menschen gehört, damit er ihre Geheimnisse erforsche. In diesem Bewusstsein hat der Geist der klassischen Völker das Staunenswerteste geleistet. Wem möchte es da wohl wunderlich erscheinen, dass, als der griechische Geograph Eratosthenes (gest. 194 v. Chr.) seine Berechnung des Erdumfanges aufgestellt hatte, auch schon die Frage erwogen wurde, ob man nicht um die Erde herumfahren könnte? Die bedeutendsten Geographen beantworteten übereinstimmend mit Aristoteles die Frage mit „Ja". Seneca, ein römischer Schriftsteller, der 65 n. Chr. starb, behauptete sogar, es sei ein Weg von wenigen Tagen, und es klingt wie eine prophetische Verkündigung der Entdeckung Amerikas, wenn er in einem seiner Schauspiele sagt:

„Kommen werden spätre Zeiten,
Wo der Ozean sich öffnet,
Wo der Erdkreis weit sich auftut,
Und das Meer zeigt neue Welten;
Nicht der Länder letztes ist Thule."

Aber dem kühn vorauseilenden Geist schleichen die Ereignisse nur langsam nach. Noch anderthalb Jahrtausende zogen über die Menschheit dahin, ehe diese neuen Welten aus den Wellen des Meeres emporstiegen! Denn es zeigte sich, dass der Geist der Völker, auf welche die Bildung des Altertums überging, nicht fähig war, jenem hohen Flug zu folgen; unmöglich, ja oft widersinnig erschien ihnen, was den Alten als selbstverständlich und unwiderlegbar gegolten hatte. Dazu kam, dass die Lehren des Christentums die Aufmerksamkeit der abendländischen Menschheit von der Erde ab nach dem Himmel wendeten. „Trachtet am ersten nach dem Reiche Gottes", dieser Befehl des Menschensohnes ließ alle anderen Wünsche verstummen. Was Gott den Menschen habe offenbaren wollen, meinte damals selbst der Gelehrteste, das stehe in der Bibel, aus ihr müsse man daher auch alle Kenntnisse über Natur und Welt schöpfen. Über den Bau der Welt redete nun besonders das Alte Testament. Hier und da verstreut fanden die Mönche einzelne Worte, oft unverständlich und mit den bestehenden Tatsachen selten übereinstimmend. Aber diese grübelnden Mönche bauten mit etwas Phantasie doch aus diesen Worten Welten auf, so seltsam, dass wir heute darüber lächeln. So lehrte einer, die Welt sei gebaut wie ein richtiges Haus mit Dach und Etagen; das Parterre ist unsere Erde, die also viereckig gestaltet ist; ein anderer meinte wieder, man müsse sich das Weltganze vielmehr als einen länglichen Kasten vorstellen, während ein dritter auch dies bestritt und bewies, dass einige Schriftworte die Welt als Kammer hinstellten, überspannt von dem Zelt des Himmels. Das Weltmeer erschien ihnen als Schranke, die Gott der sündigen Welt gesetzt hat; Dämpfe und Feuerdünste speit es aus, Finsternis lastet darauf; denn der Zorn Gottes will auf diese Weise verhindern, dass etwa ein trotziger Mensch das Schiff besteige, um nach dem Paradies zu fahren, aus dem seit dem Sündenfall die Menschen verbannt sind. Im fernen Osten, sagte man, wohin noch nie eines Menschen Fuß gekommen ist, liegt dieser Garten Gottes; Himmel anstrebende Mauern, Feuer speiende Berge und alle Schrecknisse verschließen es dem, der zu Land herankommen will, und auch zu Wasser ist es infolge der Schrecken des Meeres nicht zu erreichen.

Ganz langsam, im Verlauf von Jahrhunderten erst, begriff man den Geist der klassischen Schriftsteller, die ja fleißig gelesen wurden; sah man ein, dass doch wohl, wenigstens in Bezug auf geographisches Wissen, die Bibel nicht ausreiche. Erleuchtete Geister nahmen daher die Lehre von der Kugelgestalt doch an, aber sie blieben vereinzelt und bemühten sich vergebens, die Widerstrebenden davon zu überzeugen. Dass aber noch andere Erdinseln vorhanden wären, dass besonders die entgegengesetzte Rundung der Erdkugel von einer bewohnten Landmasse bedeckt sei, das zu glauben ist selbst den größten Geistern und schärfsten Denkern des Mittelalters nicht möglich gewesen; es war von der Kirche sogar verboten. Denn dieser Annahme widersprach die ganze heilige Schrift. Wie sollten denn die Menschen, die doch ebenso von Adam abstammen wie wir, dorthin über den weiten Ozean gekommen, wie sollte Christus zu jenen gelangt sein, und ihnen das Evangelium verkündigt haben? Man müsste gerade annehmen, dass dieses Antipodenland eine Welt für sich bilde, wo es ebenfalls einen Adam, eine Schlange und eine Sintflut gegeben haben müsse. Und überhaupt, wie könnte es denn Leute mit abwärts gerichtetem Kopf geben? Wie ist es, wenn es regnet zu denken, dass der Regen auf alle Bewohner der Erde herabfällt? Er müsste vielmehr bei den einen herab-, bei den anderen herauffallen! Durch solche Fragen suchten die Gelehrten jener mittelalterlichen Zeit von ihrer Klosterzelle aus die Unmöglichkeit der Existenz anderer Erdteile zu beweisen, zu deren Entdeckung jene Worte des römischen Philosophen Seneca die Menschheit aufgerufen hatte.

Aber es gab im Norden Europas Männer, die nichts von solchen Grübeleien wussten, nichts davon, dass das Meer den Menschen ein Feind sei, gesetzt, ihren Übermut in Schranken zu halten. Von Jugend auf mit dem Wasser vertraut, erblickten sie in dem Ozean vielmehr einen lieben Freund, der zu beutereichen Fahrten lockte. Es waren die N o r m a n n e n , jene blonden blauäugigen Seehelden, der Schrecken der friedlichen Bewohner des nordwestlichen Europa, Räuber ihres Gutes, aber unternehmungslustige furchtlose Ozeanfahrer, von keinem Volk ihrer Zeit an Seetüchtigkeit übertroffen. Ein Edelmann dieser normannischen Wikinger, namens Ohthere, der im 9. Jahrhundert lebte, unternahm eine Fahrt längs der skandinavischen Küste hin zum Nordkap; denn er war begierig zu wissen, ob auch jenseits der eisbedeckten Einöden noch Menschen wohnten. Zugleich wünschte er die kostbaren Walrosszähne einzuhandeln. Er traf auf wenig verlockende Gegenden; soweit er auch nach Osten an den Küsten hinfuhr, sah er nur spärlich bewachsenes Land und ein ärmliches Volk von Vogelstellern, Fischern und Jägern. Nichtsdestoweniger setzte er seine Fahrt fort um Lappland herum bis ins Weiße Meer, da, wo die Dwina mündet. Die dort lebenden Menschen waren etwas wohlhabender; sie nahmen ihn zwar freundlich auf, verweigerten ihm aber weiteres Eindringen; auf sein Fragen erzählten sie ihm, was sie von den Nachbargebieten wussten. Diese Neuigkeiten berichtete er seinem Herrn, dem König Alfred; jedoch lockte seine Erzählung nicht zu weiteren Fragen nach Osten hin.

Nach Sonnenuntergang, d. h. nach Westen aber schwärmten zahlreiche normannische Schiffe alljährlich aus; denn hier zieht sich von Norwegen eine Inselkette bis Island. Irische Mönche hatten sich auf diese einsamen Eilande geflüchtet, um hier ein beschauliches, weltabgeschlossenes Dasein zu führen. Die normannischen Seeräuber machten diesem Einsiedlerleben ein Ende; sie überfielen und plünderten die Klöster. Bei einer solchen Raubfahrt wurde einst Nadd-Odd nach Island verschlagen. Er brachte die Kunde heim, und als er wieder zu der Insel fuhr, folgten ihm Landsleute dahin und legten auf dem neu entdeckten Eiland eine Kolonie an. Bei diesen Kolonisten erschien im Jahre 982 E r i k d e r R o t e , wegen Totschlags aus Blutrache auf ewig aus seiner Heimat verbannt. Auch in Island nahmen sie ihn nicht auf, und so bestieg der Unerschrockene aufs Neue mit wenigen Gefährten sein Schiff und vertraute sich dem freien Meer an. Er segelte nach Westen, wo, wie man ihm gesagt hatte, freundliche Küsten ihn aufnehmen würden. Nach glücklicher Fahrt tauchte grün bewachsenes Land aus den blauen Wellen des Meeres auf; erfreut nannte er das Land Grünland (Grönland). Er sandte Boten in sein Vaterland, um von der Entdeckung Kunde zu geben, und wenige Jahre später segelte B j a r n e H e r j u l f s o h n nach Westen, um Grönland zu besuchen. Aber widrige Winde drängten ihn von der Küste ab und trieben ihn nach Süden. Wieder stiegen in blauer nebliger Ferne Küsten empor! Bjarne Herjulfsohn hatte, ohne es zu wissen, den Erdteil gesehen, den wir heute Amerika nennen! Er landete indessen nicht, da gerade ein günstiger Wind nach Grönland hin wehte, den er zur Heimfahrt benutzen wollte. Aber der Sohn des Grönlandentdeckers Eriks des Roten, namens Leif, lauschte begierig seinem Bericht. Im Jahre 1001 fuhr er mit wagemutigen Genossen aus, das von ferne geschaute Land wieder zu suchen. Das Glück war ihm günstig. Immer die Küste im Auge fuhr er nach Süden und landete zuerst an steinigem Gestade; er nannte es Steinland (Helluland). In der Hoffnung, bessere Striche zu finden, fuhr er weiter, und wirklich! Bewaldete Küsten grüßten herüber; man taufte sie Markland und nahm sie als gutes Zeichen, dass man noch schönere Gegenden finden würde. Er hatte sich nicht getäuscht: ein gesegnetes Land, wie es der Sohn des rauen Nordens noch nie gesehen, bot sich seinen Blicken dar, mit üppigen Weiden, fischreichen Gewässern und Laubwäldern voll jagdbarer Tiere. Einen ganzen Winter blieben sie dort und durchforschten das Land; auf einem dieser Züge entdeckten sie einen Weinstock, weshalb sie dem Land den Namen Vinland (Weinland) gaben. Dann fuhr der Entdecker heim und erzählte von der schönen Insel, denn für eine solche hielt er sie, und solches Aufsehen erregte seine Schilderung, dass er den Beinamen „der Glückliche" erhielt. Ansiedler strömten nun nach jenen Gegenden, Kolonien wurden gegründet, aber durch die Feindseligkeit der Eingeborenen, vor allem auch durch Unfrieden unter den Ansiedlern selbst, gingen diese Niederlassungen wieder ein. Die Verbindung mit den neu entdeckten Küsten wurde zwar auch dann noch einige Zeit aufrecht erhalten, aber mit der Normannenherrlichkeit ging auch diese kühne Entdeckungslust zugrunde.

Im Abendland hatte man keine Ahnung von diesen Ereignissen; der einzige, der von ihnen hörte und sie aufschrieb, war der Bischof Adam von Bremen, der bei einem Besuch bei dem Dänenkönig Sven Estrithson von diesem über Weinland Kunde erhielt. Zurückgekehrt mag er wohl davon erzählt haben, allein er mischte soviel schauerliche Einzelheiten in seine Erzählung, dass wohl niemand Lust erhielt, selbst einmal nach jenen Ländern zu fahren. So erzählte er z.B. von Grönland, dass dieses Land seinen Namen von den Menschen habe, die dort grünlich aussähen. Auch gäbe es daselbst Amazonen, Höhlenmenschen und Vielfraße, die mit grauen Haaren geboren würden. Jenseits der Insel finde man kein Land mehr; da sei alles Eis, Nebel und Finsternis. Man glaubte ihm damals solche Berichte gern; das Mittelalter konnte sich nicht genug tun in märchenhaften, unglaublichen Geschichten, ja diese waren wohl die einzige Geographie des gemeinen Mannes. Es mag daher für einen unternehmungslustigen Kapitän in jener Zeit recht schwer geworden sein, seine Seeleute zu überreden, mit ihm nach einer unbekannten Gegend zu segeln. Besonders nach Norden wollte niemand mitfahren, denn es wurde steif und fest behauptet, dabei käme man in das Lebermeer, wo die Schiffe kleben blieben; auch sei da oben der Magnetberg, durch dessen Kraft die Nägel aus dem Schiff gezogen würden, so dass die Planken auseinander fielen.

So blieb denn die kühne Normannentat unbekannt; der kaum entdeckte Erdteil versank gleichsam wieder in den Wellen des Meeres. Aber selbst wenn es in weiteren Kreisen bekannt geworden wäre, was Leif der Glückliche auf seiner Fahrt entdeckt hatte, so würde sich niemand dafür interessiert haben; denn ein Land, und wenn es landschaftlich noch so schön, noch so fruchtbar war, reizte die Unternehmungslust jener Zeit nicht. Nur ein solches mit Schätzen von Gold, Silber und edlem Gestein oder doch wenigstens mit kostbaren Gewürzen und seltenen Erzeugnissen menschlicher Kunstfertigkeit konnte die Aufmerksamkeit auf sich ziehen. Und ein Land, das mit diesen Gegenständen menschlicher Sehnsucht verschwenderisch ausgestattet sein sollte, war eben damals wieder deutlicher denn je in den Gesichtskreis des Abendlandes getreten: I n d i e n . Ganz verklungen war ja die Kunde nie; die köstlichen Produkte, die man von daher bezog, redeten eine zu deutliche Sprache. Aber jetzt rückte der Orient so nahe an Europa heran, wie seitdem nie wieder. Es war ja die Zeit der Kreuzzüge! In diesen Tagen waren aller Augen auf den Orient gerichtet, und wie etwa fünfzehnhundert Jahre früher die Griechen, so lauschten jetzt die Völker des Abendlandes den Erzählungen derer, die von ihrer Fahrt zurückgekehrt waren. Durch die Verbindung mit den Arabern wurden die Schriften der griechischen Schriftsteller in der Ursprache auch in das Abendland gebracht; man las, was sie von dem Wunderland des Ostens erzählten; ihre Berichte von der märchenhaften Pracht und dem Reichtum orientalischer Fürsten sah man bestätigt, und die christliche Phantasie schmückte das Land noch mit einem Zauber aus, der seine Wirkung auf die gläubigen Gemüter jener Zeit nicht verfehlte. Nicht weit von Indien, so erzählten die Schriftsteller, liegt das Paradies. Nur so ist überhaupt die Schönheit des indischen Landes zu erklären, denn der aus dem Garten Gottes wehende Wind übt seine wohltätige Kraft aus und lässt aromareiche Früchte, kostbare Gewürze und wohlriechende Spezereien gedeihen.

Dass dies wirklich so sei, bezweifelte niemand, und dieser Glaube vermehrte nur die Sehnsucht, nach Indien zu kommen. Wo liegt das Wunderland? Das war die Frage, die zu lösen man sich bemühte. Während bis zur Zeit der Kreuzzüge niemand die Lage von Indien genauer anzugeben wusste, wurde durch den innigen Verkehr mit den Arabern, die schon seit Jahrhunderten auf ihren Schiffen über das indische Meer gefahren waren, im Abendland endlich der Ort auf der Karte bekannt, wo man dieses Reich eigentlich suchen müsse. Denn die Araber waren damals besser in Kosmographie bewandert, als die Völker des Abendlandes; sie waren von der Kugelgestalt der Erde längst überzeugt, und ihre Gelehrten zeichneten schon dementsprechende Karten. Wenn auch die Festländer von Europa, Asien und Afrika noch ziemlich verzerrt dargestellt wurden, so war diese Darstellung doch bei weitem richtiger, als die Karten der abendländischen Geographen, für die Jerusalem in der Mitte der Welt lag. Die Araber konstruierten auch einige sinnreiche nautische Instrumente. Von ihnen stammt z. B. das Astrolabium, mit dessen Hilfe man sich zur Messung der Sternhöhen, d. h. des Winkels vom Horizont bis zur Stellung irgendeines Sternes maß. Es bestand aus einem Kreisbogen von Holz, in dessen Mitte sich, wie bei einer Uhr, ein drehbarer Winkelzeiger befand. An den Enden des Zeigers befanden sich Visierlöcher, durch die man den Stern fixierte. Das eine Ende des Zeigers wies alsdann auf den Stern, das andere zeigte auf die Grade, die am Rand eingetragen waren.

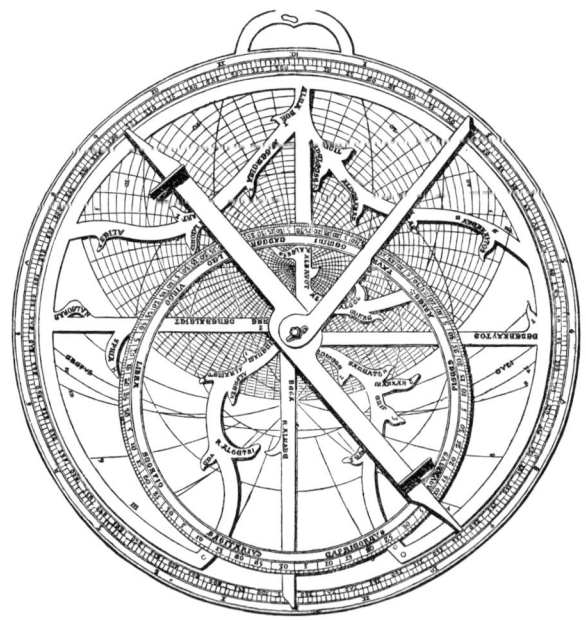

Astrolabium.

Mit diesen neuen Errungenschaften wurden die Italiener zuerst bekannt, sie benutzten sie auch sofort für ihre Schifffahrt und fanden, dass sie gute Diens-te leisteten. Bald lösten italienische Kaufleute auch die Frage, wie man nach

14

Indien gelangen könnte, indem sie von den Arabern, von denen sie die indischen Erzeugnisse einhandelten, Erkundigungen über das Land einzogen und so allmählich einen Landweg nach Indien über Konstantinopel durch die Gebiete der Araber entdeckten. Kein anderes Volk Europas hätte damals eine solche Unternehmung wagen dürfen. Doch die italienischen Kaufleute waren im Orient wohlbekannt, sie besaßen überall Faktoreien und Niederlassungen, ja ganze Stadtviertel, in denen sie unter dem Schutz der Fürsten des Morgenlandes nach Recht und Sitte ihrer Heimat lebten. Wie heute die Engländer fast auf der ganzen Welt zuhause sind, so waren es damals im Orient die Italiener. Durch die Kreuzzüge stieg ihre Macht; der Transport der Kreuzfahrer und der Vorräte brachte ihnen reichlich Geld ein; sie wussten sich für ihre Dienste wichtige Vorteile auszuwirken, wodurch ihr Ansehen auch bei den Arabern

Edrisis Erdansicht im Jahre 1154.

noch mehr stieg. Es war also für italienische Kaufleute nicht besonders schwer, weite Reisen durch das Morgenland zu unternehmen, um neue Absatzgebiete, neue Märkte aufzusuchen.

15

Zu solchen Reisen bis ins Innere Asiens war aber noch ein anderer Anlass vorhanden; das waren die Missionsbestrebungen der Päpste. Von dem Bewusstsein erfüllt, dass der Papst als Statthalter Christi auf Erden die Pflicht habe, die Menschheit zu einer großen Herde mit einem Hirten zu vereinigen, sandten die Bischöfe von Rom Missionen aus zu den großen Mongolenfürsten von Asien. Von diesen Großkhanen, wie man sie nannte, wusste man im Abendland, dass sie dem Christentum nicht abgeneigt, den Mohammedanern aber feindlich gesinnt seien. Unter ihrer Herrschaft lebten die Christen ungestört in ihrem Glauben; einzelne hatten sogar einflussreiche Stellen am Hof, ja zwei dieser Mongolenkaiser stammten von christlichen Müttern ab! Über die Gründe dieser den Christen freundlichen Gesinnung täuschten sich allerdings die Päpste gewaltig, wenn sie glaubten, dass sie aus der Überzeugung von der Vortrefflichkeit der christlichen Religion stammten. Es war vielmehr eine religiöse Gleichgültigkeit; denn wie noch heute die Chinesen, so waren auch die Mongolen durchaus keine religiösen Fanatiker, wie es z.B. die Mohammedaner sind; die Feindschaft der Großkhane mit den Fürsten des Islam beruhte darauf, dass diese ihnen an der Ausbreitung ihrer Herrschaft hinderlich waren. Das war aber den Päpsten unbekannt, sie hielten die Mongolenfürsten für gute Bundesgenossen und versuchten daher, in nähere Verbindung mit ihnen zu treten. Dazu kam noch ein anderer Umstand. Im Abendland ging die Sage von einem König, der mitten unter den gräulichen Heiden ein christliches Reich aufgerichtet habe und mit großer Tapferkeit gegen seine Feinde verteidige. Die Lage dieses Reiches war unbekannt; irgendwo im Herzen Asiens herrschte der Presbyter Johannes, wie man diesen König nannte; ihm in seinen Nöten beizustehen, hielten die Päpste für ihre Pflicht. – So schickte denn Innocenz IV. im Jahre 1245 zwei Gesandtschaften aus, eine aus Franziskaner-, die andere aus Dominikanermönchen bestehend. Ihr Ziel war die Residenz der Großkhane, Karakorum. Über die Dominikanergesandtschaft wissen wir wenig, sie scheint verunglückt zu sein; die Franziskaner aber gelangten wirklich nach Karakorum zur Sira ordu, dem gelben Kaiserzelt der Mongolen; und sie kamen gerade zu der Zeit, als ein neuer Khan den Thron bestieg und 4000 Gesandte aller möglichen asiatischen Völkerschaften ihm Tribut und Huldigung darbrachten. Piano de Carpini, ein Teilnehmer an der Gesandtschaft, erstattete Bericht über die Reise und erzählte über Sitten und Lebensweise der Tataren. Indessen von der Ausdehnung Asiens und von Indien erzählt er nichts; er hat wohl nicht sehr darauf geachtet. Genaueres über die wichtigen Fragen brachte erst der Bericht eines anderen Mönches, namens Wilhelm Rubruck, der um 1253 im Auftrag des Königs Ludwig des

Heiligen zu dem Großkhan reiste. Er besaß eine vortreffliche Bildung, war vor allem in der damals bekannten Geographie wohlbewandert, und da er auf seiner Reise genaue Beobachtungen anstellte, so entging es ihm nicht, dass in den Geographiebüchern, die er gelesen hatte, manches recht falsch und den tatsächlichen Verhältnissen widersprechend sei. Sein Reisebericht ist überhaupt sehr interessant, so dass es wohl der Mühe lohnt, einiges daraus zu erzählen. – Er fuhr von St. Jean d'Acre nach Konstantinopel und von da über das Schwarze Meer nach Sudak an der Südküste der Krim. Hier traf er italienische Kaufleute, die mit den Verhältnissen wohl vertraut waren und ihm manchen guten Rat erteilten. Sie empfahlen ihm, sich einen Wagen für sein Gepäck, die Vorräte und Geschenke zu kaufen, damit er nicht jeden Abend seine Lasttiere entlasten und am Morgen von neuem beladen müsse. Er, sein Begleiter und sein Diener sollten sich beritten machen, auch solle er einen Turkomanen als Dolmetscher mitnehmen. Rubruck befolgte diese Ratschläge und trat dann seine Landreise an, die besonders für ihn sehr beschwerlich war, da er ein wohlbeleibter Herr und also sehr gewichtig war. „Was wir da von Hunger, Durst, Kälte und Erschöpfung gelitten haben", ruft er aus, „lässt sich nicht beschreiben! Nur des Abends gab es eine ordentliche Mahlzeit, am Morgen dagegen nur Hirse und Milch". An verschiedenen Orten traf er zu seinem größten Erstaunen auf Europäer; so z.B. eine Frau, die in Metz geboren und von da nach Ungarn gekommen war. Von hier hatte man sie geraubt und nach Asien verschleppt; ferner begegnete er einem Goldschmied aus Paris, einem Deutschen und einigen Predigermönchen, die in ihrem Bekehrungseifer bis nach Asien vorgedrungen waren. Seine und seiner Gefährten Reise ging nun durch das östliche Russland über den Ural nach dem Balchaschsee, der in Turkestan liegt, von hier nach Karakorum, der Residenz der Großkhane. Ihre Geleitbriefe und Empfehlungsschreiben verschafften ihnen eine Audienz beim Mongolenkaiser. Sie kamen aber dabei in arge Verlegenheit. Als nämlich Rubruck und sein Begleiter nach der Sitte des Abendlandes in aufrechter Haltung, das Miserere singend, eintraten, wurde ihnen mitgeteilt, dass sie, wie alle Gesandten, niederzuknien hätten. Die Mönche weigerten sich; denn vor einem Menschen, noch dazu vor einem Heiden, die Knie zu beugen, verbot ihnen ihr Glaube. Endlich kamen sie auf einen Ausweg. Sie knieten nieder, beteten aber, statt den Mongolenkaiser anzureden, das Vaterunser, so dass sie sich dann einreden konnten, sie hätten vor Gott, nicht aber vor dem Großkhan die Knie gebeugt. Rubrucks Begleiter blieb in Karakorum bei der kleinen christlichen Gemeinde; er selbst kehrte fast auf demselben Weg zurück und gelangte nach dreijähriger Abwesenheit wieder in seine Heimat. Hier schrieb er seine Erlebnisse auf und durch diesen Reisebericht wurde besonders Nordasien genauer bekannt; er stellt fest, dass das Land der Serer und China, das man damals Kathay nannte, dasselbe sei und erzählt ganz richtig, dass Kathay im Osten bis ans Meer reiche. Über Sitten und Gebräuche weiß er viel Interessantes zu berichten, wie z.B. dass die im Norden wohnenden Völker mit Hundeschlitten fahren und auf Schneeschuhen gehen, weil wegen der allzu großen Kälte in jenen Gegenden Eis und Schnee nicht schmelzen.

Viel genauer aber konnte die Länder Asiens der berühmte Reisende M a r c o   P o l o studieren, den man im Mittelalter den „Durchwanderer des ganzen Erdkreises" nannte. Er entstammte dem reichen venezianischen Handelshaus der Poli, die in Konstantinopel ein Geschäft hatten und besonders mit Edelsteinen handelten. Die Brüder Nicolo und Masseo Polo unternahmen 1260 eine Reise ins Morgenland; sie verweilten dort drei Jahre und erlernten das Tatarische, um ihren Geschäften besser nachgehen zu können. Infolge kriegerischer Unruhen kehrten sie um und gingen nach Italien, um die Grüße des Großkhans an den Papst auszurichten und sich neue Empfehlungsschreiben geben zu lassen. Im Jahre 1271 ging dann Masseo mit Marco Polo, dem Sohn Nicolos, auf eine zweite Reise, die sie 24 Jahre in Asien zurückhielt. Marco hat einen Bericht darüber erstattet, und damit zum ersten Mal eine genauere Kenntnis Südasiens ins Abendland gebracht.

Denn die beiden Venezianer drangen in Gegenden vor, die bis dahin noch keines Europäers Fuß betreten hatte. Durch Armenien und das Gebiet der räuberischen Kurden reisten sie quer durch Persien zum unwirtlichen, schwer passierbaren Pamirplateau, dann durch die Wüste zu den Grenzen Kathays, das damals einen Teil des mongolischen Reiches bildete. Vom Großkhan sehr gnädig aufgenommen, trat Marco schließlich als Gouverneur und Gesandter in dessen Dienste. Fast ganz China lernte er dadurch kennen, und er ist voll Lobes über Größe, Reichtum, Gewerbefleiß und Ordnung der menschenwimmelnden Städte. Auch von einem noch weiter ostwärts gelegenen Land Zipangu (Japan) bringt er die erste Kunde und erzählt, dass dort Städte mit goldenen Ringmauern und silbernen Bastionen zu finden seien. Dann bekam er den Auftrag, die Tochter des Großkhans, Kakatschin, nach Persien zu ihrem Bräutigam zu geleiten. Die Prinzessin reiste mit einem Gefolge von 600 Personen; in 13 Schiffen durchfuhren sie den Indischen Ozean, wo sich dem staunenden Auge des Venezianers die Herrlichkeit der Gewürzinseln und der Perleninsel Ceylon auftat. Er brachte die Braut an ihren Bestimmungsort; allein es fand sich, dass der Bräutigam bereits gestorben war. Da aber die Braut einmal da war, so erhielt sie einen Neffen des Verstorbenen zum Mann. Fürstlich wurde Polo empfangen, fürstlich geleitet. Wie ein Prinz von Geblüt ritt er unter dem Schutz von 200 Reitern über Bagdad nach Trapezunt. Von da fuhr er mit dem Schiff nach Konstantinopel und endlich nach Venedig. Unerhörtes, noch nie Gesehenes erzählte der kühne Reisende; von grünen fruchtbaren Ebenen, von der Öde und Verlassenheit der Wüste, von goldgeschmückten Palästen und edelsteinreichen

Marco Polo.
Nach einem Mosaikbild von Francesco Salviati.

Ländern, von Pracht und Reichtum der orientalischen Fürsten, von Millionenstädten, wo trotz der Volksmenge musterhafte Ordnung herrscht. Auch manches Geheimnisvolle, Schauerliche flicht er ein. Tückische Geister verfolgen an einsamen Orten den Wanderer, um ihn in die Irre zu locken und ins Verderben zu stürzen. Bei Tage klingen diese Geisterstimmen wie süß tönendes Saitenspiel, Pauken und Trommeln.

19

Wie haben sich doch die Zeiten seitdem geändert! Auch heute noch hört man beim Gehen im Sand Töne wie von Trommelwirbel und zarter Musik. Aber unsere genaue Beobachtung hat nachgewiesen, dass dies durch die Reibung der Sandkörnchen verursacht wird. Von einer ähnlichen Sinnestäuschung erzählt ein Reisender, der durch Iran auf demselben Weg ritt wie Marco Polo. Beim Reiten auf dem Kamel, schreibt er, hatte ich die Empfindung, als ritte ich im Wald unter hohen Bäumen und müsse mich fortwährend bücken, um den Zweigen auszuweichen. Diese merkwürdige Empfindung ist wohl eine Folge des schaukelnden Trittes der Kamele und der Fata Morgana, die in den dürren Wüsten den durstigen Wanderer äfft. Polos Reisebeschreibung wurde französisch, lateinisch und italienisch bearbeitet, deutsch erschien sie allerdings erst spät, nämlich 1477 in Nürnberg unter dem Titel: *„Das ist der edel Ritter Marcho Polo von Venedig, der große Landfahrer, der uns beschreibt die großen Wunder der Welt, die er selber gesehenn hat. Von dem Aufgang bis zu dem Untergang der Sunnen, dergleichen vor nicht mer gehort sein"*.

So erhielt man denn im Abendland die erste eingehende Kunde über Indien und die Inseln des Indischen Ozeans, wenn auch manches Falsche, besonders in Bezug auf Himmelsgegenden und Wegelängen dabei war. Spätere Reisende bestätigten und erweiterten zum Teil Polos Bericht. Sie bringen manche interessante Einzelheiten, wie z.B. Oderich von Pordenone, der 1284 Persien und China durchreiste. Er erzählte, dass die reichen Chinesen sich die Fingernägel so lang wachsen lassen, dass der Daumennagel zuweilen rings um die Hand gehe. Hayton von Georgis, ein armenischer Prinz, weiß dann auch manches Merkwürdige von den Chinesen hinzuzufügen. „Kathay (China), schreibt er, ist das größte Reich der Welt und liegt an einem inselreichen Ozean. Die Kathayer (Chinesen) haben kleine Augen und keinen Bart; für Religion interessieren sie sich nicht sehr; auch ihre Tapferkeit ist nicht bedeutend. Dagegen sind sie außerordentlich fleißig, geschickt, kunstfertig und höflich. Auf sich selbst sind die Kathayer sehr eingebildet; sie behaupten, sie allein hätten zwei Augen, die abendländischen Völker nur eins und alle anderen Nationen gar keine. Sie haben Papiergeld mit einem roten Stempel darauf. Wenn ein solcher Schein abgenutzt ist, tauscht man ihn an der Staatskasse um. Indien ist eine Halbinsel, reich an Edelgestein, Gold, Perlen und Spezereien und von schwarzen Menschen bewohnt".

Marignolli aus Florenz, der auch nach Indien gekommen war, wunderte sich, dass er das Paradies gar nirgends entdecken konnte. Er stimmt daher den Gelehrten bei, die meinen, dass das Paradies auf einem hohen Berg gelegen sei, der bis in die Mondsphäre rage. Auf der höchsten Spitze des Berges, schrieben einige, ist noch das Haus zu sehen, das Adam gebaut hat, sowie einer seiner Fußstapfen. Auf der Heimreise wurde Marignolli von Seeräubern überfallen und aller seiner Sachen beraubt. Er rettet mit Mühe sein Leben und das Antwortschreiben des Großkhans, das er dem Papst überreichte.

Die häufigen Missionsreisen und Handelszüge wurden schließlich durch einen Reiseführer – eine Art von Bädecker – sehr erleichtert. Man konnte darin lesen, dass die Reise nach China 3000-4000 Mark kostet für einen Kaufmann, der für 240.000 Mark Waren mit sich führte, dass man mit vierrädrigen Ochsenkarren mit einem Filzdach oder mit Kamelwagen reisen muss. Die Entfernung der Stationen und ihre Namen, die bequemsten Wege und andere gute Ratschläge waren genau vermerkt, kurz, man hatte sich die Erfahrungen der verschiedenen Reisenden wohl zu nutze gemacht.

Da kam die große Umwälzung im Innern Asiens: 1386 wurde in China die fremdenfreundliche Dynastie gestürzt und das Land gegen die Ausländer abgesperrt. Fortan war es lebensgefährlich, nach China zu reisen; nur nach Indien war der Zugang noch offen, aber auch nicht mehr für lange Zeit. Der letzte Indienfahrer war um 1424 der Italiener Nicolo de Conti, der Polos Bericht bestätigte und neue begeisterte Schilderungen von Indiens Schätzen brachte. Außer Gold und Silber rühmt er die köstlichen Gewürze, Kampfer, Pfeffer, Zimt, ferner die Elefanten und das Färbeholz, sowie die herrlich in allen bunten Farben schillernden Paradiesvögel, die, wie er hinzusetzt, keine Beine haben. – Aber denen, die nach diesen Schätzen auszogen, traten die seldschuckischen Türken, jene fanatischen Mohammedaner, die schon den Kreuzfahrern soviel zu schaffen machten, bald hindernd in den Weg. Als 1453 Konstantinopel in ihre Hände fiel, da war das Tor nach dem Osten gleichsam verschlossen.

Man musste also an einen anderen Weg denken und richtete seine Aufmerksamkeit nach Westen. Sollte es keinen S e e w e g nach Indien geben? Diese Frage wurde jetzt besonders unter den Seeleuten zu lösen versucht, und wieder war es Italien, das dazu die furchtlosesten Seefahrer, die tüchtigsten Kapitäne lieferte. Freilich sahen sich diese Entdeckungslustigen oft veranlasst, in fremde Dienste zu treten, sei es, dass die Engherzigkeit ihrer Mitbürger sie vertrieb, sei es, dass sie mit ihren Ideen keinen Anklang fanden, weil ja immer der Prophet in seinem Vaterland nichts gilt. Es war nach der Meinung der Kaufleute doch sicherer, die indischen Waren über Ajazzo durch Syrien von den Arabern zu beziehen, was zwar mit vielen Schwierigkeiten verknüpft, aber doch nicht so kostspielig war, wie es die Entdeckung eines Seeweges zu sein schien. So wanderten denn die italienischen Seeleute aus nach Portugal, Spanien und Frankreich, und sie gelangten in diesen Ländern oft zu hohen Ehren. Denn sie brachten mit sich die Kenntnis der Nautik, wie man die Kunst der Schifffahrt kurz nennt, die ja eben in Italien zu hoher Blüte entwickelt war. Viele Verbesserungen an Instrumenten, die zur Schifffahrt gebraucht werden, wurden in Italien gemacht und ausprobiert. Die wichtigste geschah in der Stadt Amalfi, wo man die Magnetnadel zu einem für Schiffer brauchbaren Instrument, dem Schiffskompass, umwandelte.

Man glaubt vielfach, dass die Kenntnis der merkwürdigen Eigenschaft der Magnetnadel aus China zu uns gekommen sei. Dafür lassen sich aber keine Beweise beibringen. Es ist vielmehr sicher, dass die polare Richtkraft des Magneten im Abendland selbständig entdeckt worden ist und zwar um 1180, jedenfalls in Paris. Es verging freilich noch manches Jahr, ehe diese Entdeckung für die Schifffahrt nutzbringend gemacht werden konnte; denn zunächst hinderte der Aberglaube die Anwendung eines Instrumentes, das nach der Ansicht der Matrosen „nur unter Beihilfe höllischer Mächte entstanden sein und daher nur von einem Kapitän angewendet werden konnte, der mit dem Teufel im Bunde stand". Als mit der Zeit dieser Aberglaube überwunden wurde, fehlte es noch an einer geeigneten praktischen Konstruktion. Anfänglich wurde nämlich die Magnetnadel an einem Eisen gerieben und dann auf einem Strohhalm befestigt, schwimmend auf das Wasser gelegt. Man sieht leicht, dass sie bei solcher Verwendung dem Schiffer nicht viel nützen konnte. Erst als man sie befestigte und auf der Spitze einer Nadel frei spielen ließ, als man die Strich- und Windrose darunter anbrachte und beides in einem Gehäuse aufstellte, war der Apparat entstanden, der nun ein sicherer Führer auf dem unendlichen Ozean sein konnte, ein Wegweiser, der es dem Schiffer gestattete, von der sicheren Küste sich weiter zu entfernen.

Freilich waren auch diese Kompasse noch nicht mit den unserigen zu vergleichen, wie denn überhaupt ein Kapitän von heute den Kopf schütteln würde, wenn er mit solchen Apparaten arbeiten müsste wie die Seeleute von damals. Daraus erklärt es sich auch ganz natürlich, dass sich die Schiffer manchmal tüchtig verrechneten; es kam vor, dass sie sich um drei Grad irrten. Das mag besonders oft bei der Anwendung des so genannten Jakobsstabes vorgekommen sein. Dieses Instrument wurde zu Ende des 15. Jahrhunderts von einem Deutschen, namens Regiomontanus, erfunden und diente zur Berechnung von Abständen zwischen zwei Sternen. Es sah aus wie ein Kreuz und bestand aus einem mit Graden versehenen Stab, an dem ein kurzes Querholz sich hin- und herschieben ließ. Wollte man nun das Instrument gebrauchen, so setzte man den Stab an das Auge und schob das

Querholz solange hin und her, bis ein Stern am unteren und einer am oberen Ende des Querholzes stand.

Auch dieses Instrument bürgerte sich schnell ein und wurde von den Seeleuten mit Erfolg verwendet, so dass man größere Fahrten, weiter von der Küste weg, unternehmen konnte. Das wurde noch mehr ermöglicht durch die bedeutenden Fortschritte, die man im Schiffbau machte. Es wurden vor allem größere Schiffe gebaut als bisher üblich. Die größten Kriegsschiffe führten dann 500 Soldaten ohne die Schiffsmannschaft, und die umfangreichsten Kauffahrteischiffe konnten bis 1000 Zentner tragen.

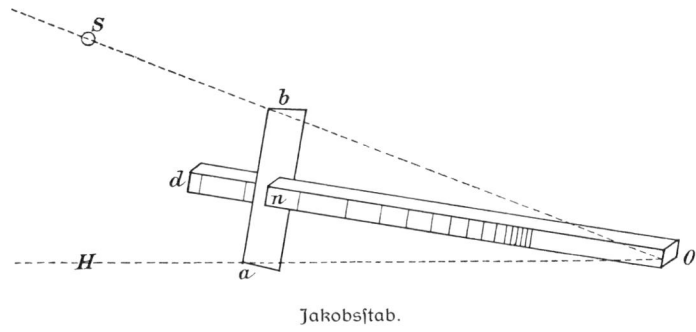

Jakobsstab.

Unter den europäischen Nationen, bei denen die italienischen Kapitäne mit ihren vorzüglichen seemännischen Kenntnissen freundliche Aufnahme fanden, ragen die Portugiesen besonders hervor. Dieses Volk hatte schon lange mit eigenen Augen gesehen, wie mächtig ein Staat durch den Handel und die Schifffahrt werden kann, nämlich an den Italienern, die bei ihren Fahrten nach England in Lissabon eine Station errichtet hatten, die sie bei der Hin- und Rückfahrt besuchten. Nun lebte in jener Zeit in Portugal der berühmte Mäzen und Gönner aller Seeleute, P r i n z H e i n r i c h d e r S e e f a h r e r . Dieser Mann hat sein ganzes Leben, alle Freuden des irdischen Daseins und seine reichen Einkünfte, die er als Großmeister des Christusordens bezog, der Idee geopfert, Portugal zu einer Seemacht heranzubilden. Er legte am Vorgebirge Sagres in Algarve ein astronomisches Observatorium an, ein See-Arsenal und eine Kosmographenschule, wo er die jungen Leute, die sich für das Seewesen interessierten, zu tüchtigen Kapitänen und Steuermännern heranbildete. Mit offenen Armen nahm er die fremden Seeleute auf; keiner ging hinweg, ohne von dem Edelmut des Prinzen reichlich beschenkt worden zu sein. Merkwürdigerweise ist Prinz Heinrich trotz seines Beinamens niemals selbst als Entdeckungsfahrer ausgezogen, aber er rüstete Schiffe aus, unterstützte solche, die ihn um Beihilfe baten und munterte zu neuen Reisen auf.

Naturgemäß richteten diese Fahrten sich nach der Küste von Afrika; sie liegt ja Portugal am nächsten, sie reizte auch die Unternehmungslust, da nach einer in der damaligen Zeit sehr geschätzten Karte, der katalanischen, in Afrika ein reiches Gebiet liegen sollte. Es war indessen nicht leicht, die Zaghaftigkeit zu überwinden, die noch unter der Mehrzahl der Seeleute herrschte. Der Atlantische Ozean war als unwirtliches Dunkelmeer verschrien, Afrika in dem Teil, der zur heißen Zone gehörte, als dürres ungastliches Land bekannt. Hatte doch Aristoteles, dem man alles glaubte, dies selbst bewiesen, und ein karthagischer Kapitän, der in den alten Zeiten schon versucht hatte, an der afrikanischen Küste hinzufahren, hatte erzählt, dass er auf feurige Berge und Feuerflüsse gestoßen sei! Solche Berichte schreckten selbst die Kühnsten ab. Als man aber nach und nach weiter vorrückte und statt der erwarteten Wüste grüne, herrliche Küsten mit tropischer Vegetation entdeckte, bekam man Mut. Man sah ein, dass es besser sei, den eigenen Augen als den Worten des Aristoteles zu glauben, und versuchte nun, an das Ende der afrikanischen Küste zu gelangen. Irgendwo musste diese doch einmal nach Osten umbiegen, und dann ..., eröffnete sich die herrliche Aussicht, direkt nach Indien zu fahren!

Davon waren die portugiesischen Kapitäne fest überzeugt, und daher fand ein anderes Projekt, das um dieselbe Zeit unter besonders unternehmungslustigen Seeleuten auftauchte, zunächst wenig Beachtung. Sich stützend auf die Ansicht, dass die Erde Kugelgestalt besitze, wollte man in gerader Linie nach Westen fahren! Da musste man doch dann nach Kathay zum Großkhan oder direkt nach Indien kommen! Weniger kühnen Männern erschien das Projekt ungeheuerlich; denn wenn auch der Kompass sich ganz gut bewährt hatte, wer konnte sagen, ob er nicht mitten auf dem Weltmeer plötzlich versagen würde? Und wer wollte wissen, ob man dann auch wirklich nach Indien käme? Anderen dagegen schien die Ausführbarkeit wahrscheinlicher. Die Entfernung war von den bedeutendsten Geographen schon berechnet, allerdings (und wie wir heute sagen müssen glücklicherweise) viel zu klein. Der berühmte italienische Astronom T o s c a n e l l i legte dar, dass die Landmasse von Spanien östlich bis Kathay zwei Drittel des Erdumfanges betrage; es bleibe also für die Linie von Spanien westlich bis zu jenem Land ein Drittel = 120°. Außerdem dachte man sich das Westmeer von zahlreichen Inseln besetzt, von denen die beiden bedeutendsten, die Insel Antilia und die Brandansinsel, etwa in der Mitte liegen sollten. Es bot sich also die Aussicht, dort vielleicht Station zu machen, ehe man zu den Küsten Indiens fuhr.

Wer das Märchen von diesen beiden Inseln aufgebracht hat, ist unbekannt; jedenfalls erscheinen sie auf den Karten des Mittelalters, bald nördlich, bald etwas weiter nach Süden gezeichnet. Ihre Lage kannte man also nicht, man kannte aber ihre Geschichte umso genauer. Zu St. Brandan nämlich, dem Abt des Klosters Cloufert, kam einst, so erzählt man, ein wandernder Mönch, namens Barintus. Dieser berichtete, er habe seinen Jünger Mernoc, der auf einer einsamen Insel weit im westlichen Ozean wohne, besucht. Sie seien dann beide auf der Insel umhergewandert, bis sie

Prinz Heinrich der Seefahrer.
Nach dem Miniaturgemälde in der Handschrift „Chronica do descotrimento e con quistra de Guiné.“

endlich an den Ozean gelangten. Sie bestiegen ein Schiff und fuhren nach dem Land der Verheißung. Nicht jeder kann da hineinkommen, denn es ist von einem dichten Nebelring umgeben. Ihnen aber ermöglichte es die göttliche Vorsehung, die wunderbare Erde zu betreten. Diese Erzählung machte auf Brandan einen tiefen Eindruck. Mit 14 Mönchen brach er auf, das heilige Land zu suchen. Von Insel zu Insel irrten sie, wunderbare Dinge sahen sie. Sie kamen zu einer Insel der Schafe, zu einem Paradies der Vögel. Endlich fassten sie auf einem Eiland festen Fuß, um ein Opfer darzubringen. Da plötzlich versank die Insel: es war der Rücken eines Wales, auf dem sie gestanden! Nach siebenjähriger Irrfahrt erreichten sie endlich das gesuchte Land, sie passieren den hüllenden Nebelring, und vor ihren Blicken tut sich ein herrliches Land auf, grün und blumig, mit fruchtbeladenen Bäumen. Ewiger Tag, ewige Fruchtbarkeit, unaufhörliche Ernte herrschen in dem Land, das sie 40 Tage lang durchwandern. Ein großer Strom, der mitten durch die Insel floss und nicht überschreitbar war, nötigte sie zur Rückkehr. Sie kehrten um, schifften sich wieder nach Europa ein und erzählten dort von ihrer wunderbaren Fahrt nach der Insel, die seitdem den Namen B r a n d a n s - I n s e l erhielt.

Das andere Eiland, das neben vielen anderen kleineren auf den Karten vom Atlantischen Ozean herumspukte, war die Insel A n t i l i a oder Insel der sieben Städte. Von ihr erzählte man, dass zurzeit, als die Mauren in Spanien eindrangen, ein gotischer Erzbischof der Stadt Porto mit 6 Gefährten und seiner Habe geflüchtet und auf Antilia gelandet sei. Sie hätten dann die Schiffe verbrannt und sich über die Insel verteilt, wo jeder der Gründer einer Stadt wurde. Besonders kecke Seefahrer unternahmen Expeditionen nach den sagenhaften Eilanden, kehrten aber natürlich unverrichteter Sache, manchmal auch gar nicht zurück. Es gab auch Schwindler, welche behaupteten, dort gewesen zu sein. So meldete sich z.B. bei Heinrich dem Seefahrer einer, der eine höchst romantische antilische Geschichte vortrug. Man habe ihn und seine Mannschaft freundlich aufgenommen und in einen Tempel geführt, wo sie einer christlichen Messe beiwohnten. Die Einwohner hätten sie dann gebeten zu bleiben, bis ihr zufällig abwesender Gebieter zurückgekehrt sei. Er habe aber dieser Bitte kein Gehör geschenkt, sondern sei abgefahren aus Furcht, man möchte ihn am Ende überhaupt nicht wieder fortlassen. Der Erzähler hatte sich nun wahrscheinlich eingebildet, Prinz Heinrich der Seefahrer würde ihm eine Belohnung für seine Fahrt und die Mittel zu einer weiteren übergeben. Er war daher nicht wenig erstaunt, als der Prinz, der manchmal auch ein wenig grob war, sehr ungehalten wurde und ihm befahl, auf der Stelle nach Antilia zurückzufahren und Genaueres zu berichten. Der Kapitän hielt es aber wohl für besser, auf Nimmerwiedersehen aus Portugal zu verschwinden.

Solcher Renommisten gab es damals viele; manche glaubten selbst an das, was sie vielleicht bloß flüchtig gesehen und dann mit ihrer Phantasie ausgeschmückt hatten. Kaum ein Schiffer kehrte von einer Fahrt zurück, der nicht von Land erzählte, das er in nebeliger Ferne gesehen haben wollte; schließlich sah man hinter jeder Nebelbank am Horizont eine Küste. Auch Pflanzen fremder Himmelsstriche wollten sie im Meer aufgefischt haben, und man nahm das als Zeichen, dass es wirklich nicht weit sein könne, wenigstens bis zu einer jener Inseln; ja man glaubte die Erzählung des römischen Schriftstellers Pomponius Mela, nach welchem der Konsul Metellus Celer von einem gallischen König eine Anzahl braune Menschen, Inder, geschenkt bekommen hatte, die in einem Boot an die Nordseeküsten von Deutschland verschlagen worden waren! So verlor der Plan einer Westfahrt allmählich an Ungeheuerlichkeit, zumal da auch einige namhafte Gelehrte, vor allem jener Toscanelli, sowie die alten Schriftsteller und Geographen, das Projekt für durchführbar erklärten. Noch aber fehlte der Mann, der mit seiner ganzen Persönlichkeit sich dem Unternehmen zur Verfügung stellt, der mit der glühenden Leidenschaft eines Menschen, der sich von Gott zu großen Dingen berufen glaubt, die Idee ergriff und in diesem Glauben mit siegender Beredsamkeit und der Zähigkeit, die solchen Propheten eigen ist, alle Bedenken niederschlug: dieser Mann schien in K o l u m b u s .

Leben des Kolumbus bis zu seinem Auftreten in Spanien

Wie bei so vielen bedeutenden Männern, die aus den breiten Schichten des Volkes hervorgegangen sind, ist auch bei Kolumbus über seinen Lebens- und Entwicklungsausgang bis zu dem Tag, da er mit seinem Projekt hervortrat, wenig Genaues bekannt. Ja, es ist gerade bei ihm ganz besonders schwierig, ein klares Bild seines Vorlebens zu entwerfen, weil er selbst widersprechende Angaben darüber gemacht und sich alle Mühe gegeben hat, seine Vergangenheit zu verschleiern. Es besteht kein Zweifel, dass er sich in den Tagen des Ruhmes seiner einfachen Herkunft schämte, eine Schwäche, die in seiner großen Eitelkeit begründet lag und die man vielleicht noch dadurch entschuldigen kann, dass er in Spanien lebte, wo Familie, Herkommen und Rang eine so große Rolle spielen. Freunde und Zeitgenossen des Kolumbus, die eine Beschreibung seines Lebens gaben, bauten also ihre Biographie auf den ungenauen Angaben des Entdeckers auf, und es war der Genauigkeit ihrer Darstellung nicht förderlich, dass sie in dem Glauben, Kolumbus sei ein Werkzeug in der Hand Gottes gewesen und von ihm für seine große Aufgabe bestimmt, sich noch bemühten, selbst das geringste Ereignis so zu deuten, dass es in diesen Plan vom Walten der Vorsehung passte. Sie nahmen daher – der eine mehr, der andere weniger - Anekdoten, die den Schein des Wunderbaren vermehren konnten, in ihre Darstellung unbekümmert auf, ob sie Wahres enthielt oder nicht, und es sind solche unwahren Geschichten auch heute noch im Umlauf. Am meisten der Wahrheit widersprechend ist eine Lebensbeschreibung, die im Jahre 1571 in Venedig ohne den Namen des Verfassers erschien und von der man lange Zeit glaubte, sie sei von Kolumbus Sohn Fernando verfasst worden. Man hat indes nachgewiesen, dass Fernando der Verfasser nicht gewesen sein kann; wer die Geschichte eigentlich geschrieben hat, lässt sich nicht mehr feststellen. Da die Lebensbeschreibung, die ein wahrer Roman ist, nun lange Zeit für richtig befunden wurde, so lohnt es sich wohl, in Kürze zu erzählen, wie sich das Leben des Kolumbus danach abgespielt haben soll.

Der Stammbaum der Familie des Kolumbus geht zurück bis auf einen römischen Prokurator, Colo, der den numidischen König Mithridates gefangen nach Rom brachte. Zahlreiche andere berühmte Männer gingen aus dieser Familie hervor, darunter auch mehrere große Admirale. Durch Kriege und andere Unglücksfälle war die sonst vermögende Familie heruntergekommen, indessen machte es Kolumbus Vater doch möglich, seinen Sohn nach Pavia zu schicken, wo er auf der Universität Kosmographie, Astronomie und Geometrie studierte und sich in diesen Fächern hervorragend auszeichnete. Mit 14 Jahren war er schon fertig mit Studieren und ging nun zur See. 23 Jahre durchkreuzte der das Mittelmeer in allen Richtungen und erwarb sich einen Namen als tüchtiger Kapitän. Weil ihm als solcher bekannt, übertrug der letzte König von Cypern, René, Kolumbus die Aufgabe, eine feindliche Galeere bei Tunis zu nehmen. Als aber des Kapitäns Schiffmannschaft erfuhr, dass neben dem bezeichneten Schiff noch einige andere Fahrzeuge zu erobern seien, weigerte sie sich, weiter mitzufahren und forderte Rückkehr nach Marseille, um Verstärkung zu holen. Kolumbus indessen, der dazu keine Lust verspürte, drehte die Windrose im Kompass herum, so dass es den Anschein hatte, als wäre der Kurs wirklich auf Marseille gerichtet, während in Wahrheit das Schiff am Kap von Karthago vorbeisegelte. – Im Jahre 1477 unternahm Kolumbus sodann eine Reise nach Island, und als tüchtiger Mathematiker bestimmte er deren Lage richtiger, als bis dahin geschehen, indem er behauptete, ihre Spitze liege unter 73°, nicht 63° n.Br. Er segelte auch noch 5 Breitengrade über die Insel Thule, die er Tile nennt, hinaus, unternahm also eine Art von Polarexpedition. Nach seiner Rückkehr schloss er sich einem Namensvetter, Kolombo junior an, der als Korsar damals einen gefürchteten Namen hatte und als Kommandant eines großen Geschwaders gegen die Sarazenen, Venezianer und andere Feinde kämpfte. Von ihm erhielt Christoph Kolumbus den Auftrag, einige venezianische Galeeren, die auf der Heimreise begriffen waren, zwischen Lissabon und dem Kap St. Vincent anzugreifen und zu nehmen. Da diese Schiffe aber geschlossen vorgingen und sich tapfer verteidigten, so entspann sich ein hitziges Seegefecht. Vom Morgen bis zum Abend wurde gekämpft, und Kolumbus hatte eben eine Galeazze durch Enterhaken und Eisenketten an sein Schiff gefesselt und befand sich gerade im hitzigsten Gefecht, als Feuer ausbrach. Was von der Schiffsmannschaft noch am Leben war, stürzte sich ins Meer. Kolumbus, ein guter Schwimmer, hielt sich mit Hilfe eines Ruders lange Zeit über Wasser und gelangte endlich ans Ufer. Hier erholte er sich von den Anstrengungen, infolge deren ihm die Beine gelähmt waren, verband notdürftig die Wunden und ging nach Lissabon, wo er Bekannte seines Vaters und andere Landsleute traf, die sich seiner annahmen und ihn in jeder Weise unterstützten, damit er sich erholen könne. Durch sein angenehmes Äußere und seine feine Lebensart empfahl er sich allen, die mit ihm verkehrten. Besonders fiel er auf wegen seiner Frömmigkeit, die ihn trieb, täglich die Messe im Kloster de Santos zu besuchen. Hier lernte er unter den Superiorinnen Doña Felipa Muñiz kennen, deren Liebe er gewann und die er schließlich heiratete. Sie war die Tochter des Ritters Perestrello, der indessen damals schon gestorben war. So lebte Kolumbus nach seiner Heirat im Haus seiner Schwiegermutter. Dorthin kam eines Tages krank von einer Reise zurück ein Pilot, ein Busenfreund des Kolumbus. Er war auf einer Fahrt von Spanien nach England nach Westen verschlagen worden und bis Indien gekommen. Ans Land gehend traf er nackte Menschen, nahm aber nur Wasser und Holz ein, und kehrte um. Auf dem langen Rückweg starb fast die ganze Mannschaft an Hunger, nur der Pilot und drei Matrosen kehrten zurück. Kolumbus nahm den kranken Freund auf und pflegte ihn; allerdings vergeblich. Vor seinem Tod übergab der Sterbende dem Kolumbus eine Karte, die er von dem neuentdeckten Land entworfen hatte, und so gelangte Kolumbus in den Besitz eines wichtigen Geheimnisses, mit dessen Hilfe er dann seine kühne Fahrt ausführte. –

Wie ganz anders gestaltete sich aber das Bild, wenn man die Tatsachen zusammenstellt, die von scharfsinnigen Forschern nach Urkunden und ähnlichen unwiderleglichen Zeugnissen nachgewiesen worden sind! Nichts von edler Herkunft, von alter Familie, von wunderbarer Fügung und geheimnisvollem Walten der Vorsehung! –

Christophoro Colombo, oder in spanischer Form Christophe Colon, (columba = Taube, also columbus = Taubert) entstammt einer einfachen, bescheidenen Weberfamilie Italiens. Da nun der Name Colombo in den Küstenplätzen des ligurischen und tyrrhenischen Meeres so häufig ist, wie etwa in Berlin der Name Lehmann, so haben sich zehn Städte um die Ehre gestritten, der Geburtsort des Kolumbus zu sein. Von allen diesen Städten ist sowohl nach des Entdeckers eigener Aussprache, wie nach denen berühmter Zeitgenossen, die ihn allgemein als den „Genuesen" bezeichnen, Genua der Ort, wo des Kolumbus Wiege gestanden hat, Genua, die Königin des ligurischen Meeres, malerisch am blauen Golf emporsteigend. Diese Stadt erkor zu seinem Wohnsitz um 1429 Domenico Colombo, der Sohn des Giovanni Colombo aus Quinto, einem Ort 10 km östlich von Genua. Domenico war, wie seine Brüder und wahrscheinlich auch sein Vater, ein Weber und verheiratete sich mit Susanne Fontanarossa aus Bisagno. Er erwarb in der Vorstadt des Bico dritto de Ponticello ein Haus, in dem Christoph Kolumbus, sein erster Sohn, geboren wurde. In welchem Jahr, ist nicht bestimmt zu sagen. Die Angaben des Kolumbus selbst sind darüber schwankend.

Höchstwahrscheinlich ist er 1446 geboren; denn er schreibt 1501 in einem Brief, dass er seit nunmehr 40 Jahren die See bereist habe und da er mit 14 Jahren zur See ging, so ergibt sich das oben erwähnte Jahr 1446, das übrigens auch noch durch andere Berechnungen als Geburtsjahr genannt wird. Er hatte auch zwei Brüder, Bartholomeo und Diego, die ihm später nach Spanien folgten, sowie eine Schwester, Blanchisette, von der wir nur wissen, dass sie mit einem Viktualienhändler verheiratet war. Das Geburtshaus des Kolumbus steht heute noch; es ist von dem Rat der Stadt Genua angekauft und mit einer Tafel versehen worden, die folgende lateinische Inschrift trägt:

Nulla domus titulo dignior.
Haeic paternis in aedibus Christopherus Columbus
pueritiam primamque iuventam transegit.

„Kein Haus ist einer Inschrift würdiger als dies. Im elterlichen Haus verlebte hier Christoph Kolumbus seine Kindheit und erste Jugend."

Von dieser Jugendzeit wissen wir gar nichts; sie kann aber nicht sehr glänzend gewesen sein, denn es ging mit den Vermögensverhältnissen des Vaters ständig rückwärts. Im Jahre 1471 verließ dieser Genua und verzog nach Savona, wo er 14 Jahre sich aufhielt und neben seiner Weberei einen Käsehandel, sowie das Schankgewerbe betrieb. Seine Besitzungen in Genua musste er verkaufen. Er kehrte später wieder nach Genua zurück und starb hier 1494 arm und verschuldet, ohne von dem Ruhm seines Sohnes etwas gehört zu haben. Christoph wird in den urkundlichen Papieren jener Zeit stets als Canerio = Weber bezeichnet, und man kann damit eigentlich nicht recht die Behauptung in Einklang bringen, dass er in Pavia studiert habe; denn das Studieren war auch damals eine teure Sache. Ist er wirklich in Pavia gewesen, so hat sein Studium gewiss nicht lange gedauert, denn mit 14 Jahren ging er ja schon zur See. Ganz ohne Bildung ist er aber auch nicht aufgewachsen, denn er konnte lesen, schrieb einen sehr schönen Stil und verstand sich auch aufs Rechnen und Kartenzeichnen. Es ist leicht zu begreifen, dass ein so phantasievoller und ehrgeiziger junger Mann wie Kolumbus es war, an dem Gewerbe eines Webers wenig Gefallen fand. Sah er doch an seinen Verwandten, wie weit man es damit bringen konnte! Der Beruf eines Seemannes musste ihm viel, viel anziehender erscheinen. So hat er jedenfalls im Anfang neben der Weberei sich als Schiffer betätigt, denn wir hören, dass er Wein über See verfrachtete und dabei die Inseln und Küsten des Mittelmeeres besuchte. Später wandte er sich dann ganz dem Seemannsberuf zu, nachdem er wahrscheinlich in den Kreisen der Seeleute bekannt geworden war. Er konnte keinen besseren Ort wählen, um sich zum Seemann auszubilden, als seine Vaterstadt. Genua stand damals an der Spitze der seefahrenden Städte Italiens. Genuesische Kapitäne waren von fremden Königen sehr begehrt; in Portugal hatten es einige bis zu Admiralen gebracht. Die Könige von Frankreich und England nahmen sie gern in ihre Dienste, und genuesische Nautik und Schifffahrtskunst genoss weithin großes Ansehen. So wird sich auch Kolumbus bei seinem großen Interesse für die Sache zu einem tüchtigen Seemann herangebildet haben.

Nach 1477 verschwindet Christoph aus einer Heimat und taucht in Portugal auf. Er hat es also wie viele seiner Berufs- und Vaterlandsgenossen gemacht: er war ins Ausland gegangen und zwar dahin, wo er die besten Aussichten für sein Fortkommen hatte: nach Portugal. Das war so der rechte Boden für ihn. Hier hörte und sah er viel von den Bemühungen der Portugiesen um die Schifffahrt, von den großartigen nautischen Einrichtungen des Prinzen Heinrich; Berufsgenossen erzählten ihm von den Anstrengungen, die gemacht wurden, das Wunderland Indien zu entdecken, von den ungeheuren Schätzen, die man dabei gewinnen wollte, von den Inseln und neuen Küsten, die bis dahin schon gefunden worden waren. Eine völlig neue Welt tat sich vor ihm auf; hier in Portugal hat er sicherlich seine Idee gefasst, auch als Entdecker sein Glück zu versuchen.

Und das Schicksal war ihm anfänglich auch sehr günstig. Bei seinen häufigen Besuchen der Messe im Kloster de Santos gewann er die Liebe eines jungen Edelfräuleins, die mit anderen jungen Damen ihres Standes zwar im Kloster lebte, aber jederzeit berechtigt war, es zu verlassen und sich zu verheiraten. Sie hieß Doña Felipa Muñiz und war die Enkelin des Bartholomeo P e r e s t r e l l o, eines Italieners aus einem adeligen Geschlecht von Piacenza. Er war auch in Portugal eingewandert, hatte Dienste unter den Königen Portugals genommen und zur Belohnung dafür die Insel Puerto Santo bei Madeira als Lehen erhalten. Felipas Vater Pedro war zur Zeit ihrer Verheiratung schon gestorben, für ihren Bruder Bartholomeo führte die Mutter die Vormundschaft, während ein Verwandter, Pedro Correa da Cuntha, die Insel Puerto Santo verwaltete. Die Heirat fand jedenfalls 1478 in der Kirche zu Lissabon statt; denn die Familie lebte hier, nicht auf ihrer Insel, weil der Aufenthalt in der Hauptstadt, dem Schauplatz eines bewegten Lebens, angenehmer war. Kolumbus war damals etwa 31 oder 32 Jahre alt, von hohem kräftigem Wuchs. Sein Kopf erinnerte in seiner Bildung mehr an den Nordländer als an einen Italiener; das Gesicht war mit Sommersprossen bedeckt; er hatte lebhafte blaue Augen und eine Adlernase; sein Haar, in der Jugend

Chriſtoph Kolumbus.
Nach einem Gemälde im Marinemuſeum in Madrid.

rötlich gefärbt, war schon in seinem dreißigsten Jahr völlig weiß, so dass
man ihn immer für älter hielt, als er wirklich war.

Viel Heiratsgut brachte die Gattin des Kolumbus nicht in die Ehe, wohl
aber erlangte er durch diese Verheiratung Vorteile, die vielleicht mehr wert

waren als ein großer Brautschatz. Durch seine Verbindung mit einer hochangesehenen Familie wurde er in die besten Kreise eingeführt, trat er in Beziehungen zum Hof und zu solchen Männern, die einen tiefen Einblick in die sonst geheim gehaltenen indischen Ziele und Pläne des Hofes getan hatten, und da sein Schwiegervater selbst ein Entdecker gewesen war, so fand er in dessen hinterlassenen Papieren unschätzbare Karten, Pläne, nautische Instrumente und eine ganze Bibliothek kosmographischer und mathematisch-astronomischer Bücher. Man kann leicht verfolgen, wie unter diesen Verhältnissen sein Plan einer Westfahrt allmählich reifte. Die Berichte von den fabelhaften Schätzen Indiens, die ja das Ziel der portugiesischen Entdeckungsfahrten waren, wurde auch seine Aufmerksamkeit auf dieses Land gerichtet; denn wie so viele Menschen, schätzte auch Kolumbus das Gold sehr hoch. Schreibt er doch in einem Brief von 1503: „Das Gold ist ein wunderbares Ding; wer es besitzt, ist Herr von allem, was er wünscht; durch Gold kann man selbst Seelen in das Paradies gelangen lassen". Dazu fand er wahrscheinlich in der Bibliothek seines Schwiegervaters ein damals viel gelesenes und geschätztes Buch über den Orient von John Mandeville, der zwar selbst niemals dort gewesen war, aber aus den Reiseberichten von Kaufleuten und Missionaren, besonders aus dem Marco Polos, die interessantesten Stellen herausgezogen und mit großer Übertreibung der einzelnen Tatsachen zusammengestellt hatte.

Kolumbus kam bald zu der Überzeugung, dass man Indien jenseits des Ozeans suchen müsse, besonders als ihm verschiedene höchst glaubwürdige Personen von angeschwemmten Gegenständen erzählten. So hörte er bei seinem Aufenthalt auf den Azoren, dass bei anhaltendem Westwind an dem Strand der Insel Graciosa und Fayal Fichtenstämme gefunden würden. Da es auf den Inseln selbst keine Fichten gab, so schloss man, dass sie von einem westlich gelegenen Land kommen müssten; das konnte nach der Meinung des Kolumbus nur Indien sein. Dorthin verlegte er auch die angeschwemmten Leichen einer fremden Menschenrasse, sowie ein Stück harten Rohres, von dem ihm sein Schwager Correa erzählte. Dieses Rohr sei so stark, dass man in den Zwischenraum zwischen 2 Knoten 9 Karaffen Weines gießen könne. Martin Vicente, Pilot im Dienst des portugiesischen Königs, berichtete, er habe 450 Meilen westlich von St. Vicente ein sehr schön gearbeitetes Stück Holz gefunden, und auch Correa erzählte von einem solchen, das man am Strand von Puerto Santo gefunden habe. Kolumbus zweifelte keinen Augenblick, dass alle diese Gegenstände von Indien durch Winde und Meeresströmungen nach Europa gelangt seien und dass es bis dahin nicht so sehr weit sein könnte; sonst würden sie doch unterwegs abgelenkt werden.

34

Freilich war es aussichtslos, aufgrund solcher Berichte hin einen Fürsten zu überreden, dass er Schiffe zu einer Westfahrt ausrüste; mit solchen Seemannsgeschichten konnte er auch die Bedenken nicht niederschlagen, die sicherlich gegen eine solche Fahrt erhoben wurden; denn der Gedanke war ja in sachverständigen Kreisen schon erörtert worden, wie wir nachher sehen werden. Da fand aber Kolumbus in der Bibliothek seines Schwiegervaters ein Buch, das seinen Plänen und Wünschen in jeder Weise entgegen kam; es war die Imago mundi d. h. das Weltbild des Kardinals d'Ailly oder wie er häufiger genannt wird, Petrus de Alliaco. Dieser hatte, wie viele andere gelehrte Geistliche des Mittelalters auch, eine Kosmographie verfasst, d. h. er hatte aus den Schriftstellern der antiken Welt und des frühen Mittelalters die Ansichten über Geographie und den damit zusammenhängenden Wissenschaften in einem Auszug vereinigt. Hier sah nun Kolumbus seine Meinung bestätigt, dass das Meer zwischen der Westküste Europas und dem Ostrand Indiens sehr schmal sei. D'Ailly hatte alle darauf bezüglichen Meinungen übersichtlich zusammengestellt und solche, die die Ausdehnung des Meeres für größer hielten, hatte er weggelassen. Er erzählte also, dass schon Aristoteles, später Seneca und Plinius es durchaus für möglich gehalten hätten, über das westliche Meer zu fahren. Das asiatische Festland erstreckte sich über 230°, also blieben für den Ozean nur noch 130°, ein arabischer Gelehrter namens Esdra habe nachgewiesen, dass 6/7 der Erdoberfläche Land, nur 1/7 aber Wasser sei, die Erde sei zwar eine Kugel; man stelle sie sich aber gewöhnlich viel zu umfangreich vor, ein arabischer Gelehrter namens Alfragan habe berechnet, dass jeder Grad nur 56 ⅔, nicht, wie Ptolemäus behauptete, 62½ Meilen groß sei. Kolumbus fand aber noch andere Angaben, die seinem phantasievollen religiösen Gemüt besonders zusagten; das waren die Stellen über die Lage des Paradieses. „Dasselbe liegt", so schreibt d'Ailly, „in der lieblichsten Gegend des Ostens, weit von unserem Gebiet entfernt auf einem erhabenen Ort, so dass es fast bis in die Mondsphäre reicht und von den Wassern der Sintflut nicht erreicht werden konnte. Von diesem hohen Berg stürzen nun die Gewässer mit gewaltigem Brausen herab und bilden einen tiefen See."

Endlich sprach d'Ailly noch von dem nahe bevorstehenden Weltuntergang. Es seien bis 1501 6700 Jahre seit der Schöpfung verflossen; Gott habe nun aber im Jahre 7000 nach Erschaffung der Welt den Weltuntergang beschlossen; dieser stehe also nahe bevor. – Für einen Seemann, der gewohnt ist, die Strecken, die er durchfährt, genau zu messen, waren freilich die Angaben d'Aillys über die Schmalheit des Ozeans nicht deutlich genug. Denn er schreibt: „Wie groß aber der Abstand ist, weiß man noch nicht;

denn er ist weder in unseren Zeiten gemessen, noch finden wir darüber bei den alten Schriftstellern genaue Angaben. Aber soviel ist gewiss, dass die Ausdehnung der bewohnten Erde von Spanien ostwärts bis Indien viel größer ist als der halbe Umfang der Erde."

So sehr auch Kolumbus überzeugt war, dass der Atlantische Ozean schmal sei, er musste doch fragen, ja wie breit ist er denn eigentlich? Er kannte zwar jedenfalls die Berechnung des Ptolemäus, der die Länge des Erdäquators auf 180.000 Stadien angegeben hatte; man wusste aber nun nicht, wie groß ein Stadium sei. Da kam ihm zu Ohren, dass eine ganz neue Berechnung der Entfernung zwischen dem Westrand von Europa und dem Ostrand Asiens von einem berühmten Mathematiker und Astronomen aufgestellt und dem König von Portugal zugesandt worden sei. Es war dies die berühmte Karte des T o s c a n e l l i . – Paolo del Pozzo Toscanelli, ursprünglich Arzt und deshalb auch oft Paolo Fisico genannt, lebte in Florenz, der Stadt der Medici, wo die hervorragendsten Künstler und Gelehrten jener Zeit sich versammelten. Er hatte sich vornehmlich mit mathematischen und astronomischen Studien beschäftigt und galt für den bedeutendsten Mathematiker seiner Zeit. Er hatte besonders dadurch fördernd gewirkt, dass er die Ergebnisse seiner Studien für andere Zweige der Wissenschaft und Praxis nutzbar zu machten suchte. So ist durch ihn die nautische Astronomie teilweise umgestaltet worden, und auch in der Kosmographie, für die er das lebhafteste Interesse zeigte, brachte er ganz neue Ansichten auf. Er kannte die Berichte der Kaufleute und Missionare seiner Nation, die wie wir gezeigt haben, damals so zahlreich Asien durchkreuzten; er hatte Marco Polos Berichte gelesen, und den Indienfahrer Nicolo de Conti selbst gesprochen, als dieser nach Florenz zum Papst Eugen IV. kam, um sich Ablass zu holen, weil er, in die Hände der Ungläubigen gefallen, sich durch Übertritt zum Islam vom Tod gerettet hatte. Conti bestätigte und erweiterte zum Teil Polos Darstellungen von der unendlich großen Ausdehnung des asiatischen Festlandes nach Osten. Polo war zu dieser falschen Anschauung gekommen, weil er ja nicht in gerader Linie nach Osten gereist war und kein anderes Maß als Tagereisen zur Angabe der Entfernungen gehabt hatte.

Toscanelli nun konstruierte nach diesen Angaben zuerst einen Globus, um die Verhältnisse auf der Erdkugel entsprechend und richtig darzustellen. Nach diesem Globus zeichnete er dann eine Karte, auf der er aber nicht, wie sonst üblich, das große asiatische Festland mit seinen Meeresrändern, sondern umgekehrt das atlantische Meer mit seinen Festlandsrändern zeichnete. Auf diese Weise erschien der Ostrand Asiens nicht mehr rechts, sondern links auf der Karte. Es kam ihm ja darauf an, die Möglichkeit einer Überfahrt über den

Ozean deutlich zu machen. Den Hauptteil der Karte nahm also das Meer ein; in gewissen Entfernungen gab er die Insel Antilia und Zipangu (Japan) an. Dieses letzte Land hatte er, durch Polos Angaben veranlasst, viel zu weit, nämlich 40 Grad vom asiatischen Küstenrand abgerückt, so dass es als eine Station auf der Überfahrt nach Indien erschien. Zum ersten Mal hatte er auch zur besseren Orientierung eine Art Gradnetz aufgezeichnet. Er teilte die Entfernung von Spaniens Westküste bis Kathay in 25 Spatien, ein von ihm willkürlich gewähltes Maß ein. Jedes Spatium umfasste $5° = 250$ röm. Meilen, so dass also der ganze Weg $125°$ oder 6250 Meilen betragen sollte.

Leider ist die Originalkarte Toscanellis verloren gegangen, doch besitzen wir eine von einem Nürnberger, Martin Behaim, gezeichnete Globuskarte, die jedenfalls der des Toscanelli sehr ähnlich ist. Behaim befand sich lange Zeit am Hof des portugiesischen Königs in angesehener Stellung und hatte, als er zum Besuch in seiner Vaterstadt weilte, auf Ansuchen des Rates der Stadt ein Weltbild, wie es damals angenommen wurde, gezeichnet. Ohne Zweifel hat er die Karte Toscanellis gekannt; denn dieser florentinische Gelehrte hatte 1474 seine Karte nebst einem erläuternden Brief an seinen Freund, den Kanonikus und Beichtvater des portugiesischen Königs, Fernam Martinez, gesandt. Er wollte die Portugiesen, deren Entdeckungsfahrten er mit regem Eifer verfolgte, zu einer Fahrt über den Ozean anregen, weil auch er der festen Überzeugung war, dass man dabei nach Indien kommen müsse. Es ist ihm auch nicht im Entferntesten der Gedanke gekommen, dass sich ein großer Kontinent zwischen Europa und Asien befände. Der Brief Toscanellis datiert vom 25. Juni 1474, war lateinisch geschrieben und lautet in deutscher Übersetzung, wie folgt:

„Ich habe mit Vergnügen gehört, dass Du mit Eurem edlen, hochherzigen König so vertraut bist; und obwohl ich sonst schon vielmals über den kürzesten Weg von hier nach Indien gesprochen habe, wo die Gewürze wachsen (denn der Seeweg ist kürzer als der, den Ihr nach Guinea nehmt), so sagst Du mir doch, dass Sr. Maj. noch einmal von mir eine Erklärung und augenscheinliche Darlegung wünscht, dass und wie man diesen Weg einschlagen könne.

Obwohl ich nun überzeugt bin, dass sich das auf einem Globus zeigen lässt, so ziehe ich es doch vor, der leichteren Mühe und des besseren Verständnisses wegen den Weg auf einer der Seekarten ähnlichen Karte zu erläutern; und so sende ich Sr. Maj. eine eigenhändig gezeichnete Karte. Darauf ist der ganze Westen der bewohnten Welt, von Irland bis nach Genua gemalt, samt allen Inseln, die auf diesem Weg liegen. Ihnen gegen Westen gerade gegenüber ist der Anfang von Indien mit den Inseln und den Orten gemalt, wohin Ihr Euch nach dem Äquator wenden könnt und wie weit, d.h. in wie viel Meilen Ihr zu diesen Orten gelangen könnt, die alle möglichen Gewürze, Edelsteine und Geschmeide in Fülle haben. Und wundert Euch nicht darüber, dass ich das Westen nenne, wo die Gewürze wachsen, denn gewöhnlich sagt man, sie gedeihen im Osten. Aber wer immer nach Westen segelt, wird diese Gegenden im Westen erreichen, und wer zu Lande immer nach Osten wandert, erreicht jene Länder im Osten. Die geraden Linien, die der Länge nach über die Karte laufen, zeigen die Abstände von Westen nach Osten an; die anderen, die quer hindurchgehen, zeigen die Distanz von Norden nach Süden. Auch habe ich auf der Karte viele Orte in den indischen Ländern eingezeichnet, wohin man gehen könnte, wenn irgend ein unvorhergesehener Zufall, sei es Sturm oder widrige Winde, eintreten; und auch damit man sich über alle diese Teile wohl unterrichtet zeigt, was umso erfreulicher sein muss. Und wisset, dass in allen diesen Inseln nur Kaufleute leben und verkehren; man hört, dass es dort eine ebenso große Menge von Schiffen, Matrosen, Kaufleuten und Waren gibt, wie nur sonst in der ganzen übrigen Welt, und namentlich in einem sehr ansehnlichen Hafen, namens Zaiton, wo sich jährlich 100 große Schiffe mit Pfeffer befrachten, ungerechnet die vielen anderen Schiffe, die andere Gewürze laden. Dieses Land ist sehr dicht bewohnt, und es gibt dort viele Provinzen und viele Königreiche und zahllose Städte unter der Herrschaft eines Fürsten, der sich Großkhan nennt, was in unserer Sprache soviel wie König der Könige bedeutet. Seinen Sitz hat er meistens in der Provinz Kathay. Seine Vorfahren wünschten lebhaft, mit Christen in Verbindung zu treten, und es werden 200 Jahre her sein, dass sie zum heiligen Vater schickten und um gelehrte und weise Männer baten, die sie in unserem Glauben unterrichten sollten. Aber diese Sendlinge mussten Hindernisse halber wieder umkehren. Auch zum Papst Eugen kam ein Gesandter, der ihm von der großen Freundschaft erzählte, die sie den Christen erwiesen. Mit diesem habe ich mich viel unterhalten über vielerlei Dinge, über die Größe der königlichen Gebäude und über die Größe der Flüsse nach der ungeheuren Länge und Breite, über die große Anzahl der Städte, die dort an ihren Ufern liegen, und dass sich an dem einen Fluss 200 Städte befinden, und dass es sehr große und breite Marmorbrücken gibt, die mit vielen Marmorsäulen geschmückt sind. Dies Land verdient mehr als jedes andere aufgesucht zu werden, denn man kann dort nicht nur sehr großen Gewinn machen und viele Sachen bekommen, sondern es gibt auch Gold, Silber, Edelsteine und alle möglichen Gewürze in großer Menge, wie nirgends in unseren Gebieten. Und es ist wahr, dass weise und gelehrte Männer, Philosophen und Astrologen und andere große Gelehrte, die in allen Künsten erfahren sind, das herrliche Land regieren und die Schlachten leiten. Und von der Stadt Lissabon, gerade nach Westen, sind auf der Karte 26 Abschnitte, jeder 250 Millien breit (das ist beinahe ein Drittel des Erdumfanges) bis zu der ansehnlichen und großen Stadt Quinsay, die einen Umfang von 100 Millien oder 25 Meilen (leguas) hat, und in der sich 10 Marmorbrücken befinden. Der Name dieser Stadt bedeutet in unserer Sprache so viel wie „Stadt des Himmels". Man erzählt davon Wunderdinge, von der großen Geschicklichkeit ihrer Gewerbe und von den Einkünften. Die Stadt liegt in der Provinz Mango (China) nahe der Landschaft von Kathay, wo sich der König die meiste Zeit aufhält.

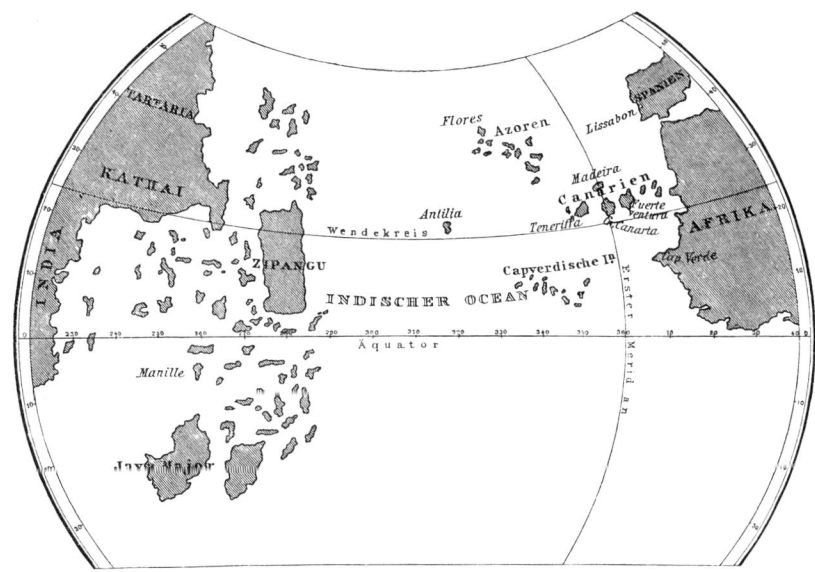

Toscanellis Erdkarte.

Und von der Insel Antilia, die Ihr die Insel der sieben Städte nennt, von der wir Kunde haben, bis zu der berühmten Insel Zipangu (Japan) sind zehn Abschnitte oder 2500 Millien, d.h. 225 Leguas; diese Insel ist sehr ergiebig an Gold und Perlen und Edelsteinen. Mit reinem Gold bedeckt man die Tempel und königlichen Gebäude.

Da nun der Weg dahin noch nicht bekannt ist, so sind auch alle diese Wege noch nicht entschleiert, aber man kann sicher dahin gelangen. Es ließe sich noch vieles andere darüber sagen, aber da ich es schon mündlich vorgebracht habe, und Ihr alles wohl versteht, so will ich mich darüber nicht weiter verbreiten, und mag das auf Deine Anfragen genügen, soweit die Kürze der

Zeit und meine Arbeiten es mir gestatten. Ich stelle mich aber jederzeit Sr. Majestät zur Verfügung.   Florenz, 25. Juni 1474."

Der portugiesische Geistliche bedankte sich bei Toscanelli und legte die Karte dem König vor; allein man ging nicht darauf ein, da ja die portugiesischen Entdecker bei ihren Fahrten an der Küste Afrikas so schöne Erfolge erzielt hatten, dass die Hoffnung, auf diesem Weg nach Indien zu gelangen, immer mehr an Boden gewann.

Von diesem Brief aber erlangte Kolumbus auf irgendeine Weise Kunde. Da er keine Aussicht hatte, dass man ihm Brief und Karte übergeben würde, so wandte er sich mit Vermittlung seines Freundes Lorenzo Givaldi selbst an Toscanelli. Die Anfragen des Kolumbus besitzen wir nicht mehr, wohl aber die Antworten Toscanellis. Kolumbus, der sich in seinen Briefen als Portugiese ausgegeben, hatte die Freude, dass er von dem Florentiner eine Abschrift jenes Briefes sowie eine Karte erhielt. Toscanelli schrieb:

„Dem Cristobal Columbo entbietet der Arzt Paolo seinen Gruß. Ich sehe Dein hochherziges und großes Verlangen, dahin eine Fahrt zu unternehmen, wo die Gewürze wachsen, und zur Beantwortung Deines Briefes sende ich Dir die Abschrift eines anderen Briefes, den ich früher an einen Freund und Vertrauten des Königs von Portugal vor den kastilischen Kriegen geschrieben habe und zwar zur Erwiderung eines andern, den er im Auftrag Sr. Maj. über denselben Gegenstand an mich richtete, und ich schicke Dir eine andere solche Seekarte, wie die, dich ich ihm geschickt habe, wodurch Deine Bitten befriedigt werden."

Auf einige Anfragen, die Kolumbus wahrscheinlich in Betreff einiger ihm wichtiger Einzelheiten stellte, antwortete Toscanelli in höchst liebenswürdiger Weise noch einmal:

„Ich habe Deine Briefe mit den Sachen, die Du mir geschickt, erhalten und bin damit sehr belohnt. Ich sehe Dein edles und großes Verlangen, durch den Westen nach den Ländern des Ostens zu segeln , wie man auf der Karte sieht, die ich Dir geschickt habe, was sich besser an einem Globus zeigen lässt. Es ist mir lieb, dass sie wohl verstanden ist, und der Weg ist nicht nur möglich, sondern auch richtig und sicher und an Ehre und Gewinn unschätzbar und bringt unter allen Christen den größten Ruhm. Ihr könnt das aber nicht vollkommen begreifen, wenn Ihr nicht so oft wie ich die Gelegenheit gehabt habt, zuverlässige Nachrichten von bedeutenden und gelehrten Männern zu erhalten, die aus jenen Ländern hierher an den römischen Hof kamen, und von Kaufleuten, die lange Zeit in jenen Ländern Handel getrieben haben, Männer von großem Ansehen. Dieser Weg führt zu mächtigen Königreichen und berühmten Städten und Provinzen, wo alles in Hülle und Fülle zu haben ist, was wir bedürfen, also alle Arten Gewürze in großer Menge und Edelsteine im größten Überfluss. Diese Fürsten und Könige, zu denen man kommt, werden noch mehr als wir erfreut sein, mit Christen unserer Länder in Verkehr zu kommen, weil viele von ihnen Christen sind, dann aber auch, um mit gelehrten und geistreichen Männern von hier sowohl über Religion als auch über Wissenschaft sich unterhalten zu können, nach dem großen Ruf, den unsere Staaten und Regierungen genießen.

Wegen dieser Ursachen und vieler anderer, die man nennen könnte, wundere ich mich gar nicht, dass Du, hochherzig wie das ganze portugiesische Volk, unter dem es stets Männer gegeben hat, die sich bei allen großen Gelegenheiten ausgezeichnet haben, vor Verlangen brennst, diese Reise ins Werk zu setzen ....“

König Jao II von Portugal.
Nach einem gleichzeitigen Kupferstiche.

Wenn Kolumbus bis dahin wohl von der Möglichkeit einer Westfahrt völlig überzeugt, über gewisse wichtige Einzelheiten in Betreff der Ausführung aber noch nicht ganz im klaren war, so wurden durch diese Mitteilungen eines anerkannt ausgezeichneten Gelehrten auch die letzten Zweifel beseitigt, und mit dem ihm eigenen Selbstvertrauen und seiner großen Energie ging er nun an die Ausführung seines Projektes. Er brauchte jemand, der ihm Schiffe und die Mittel zur Ausrüstung zur Verfügung stellt, und er wandte sich zu diesem Zweck an den portugiesischen König Jao II. (Jao = Johann). Dieser berief eine Junta (Rat) von gelehrten Sachverständigen zur Prüfung des Projekts; es waren der Bischof von Ceuta, Diego Ortiz, und die beiden Ärzte und Kosmographen Rodrigo und Joseph. Ihnen trug Kolumbus seinen Plan mit großer Begeisterung vor und begründete ihn nach seiner Weise. Allein, er hatte diesen Gelehrten gegenüber einen harten Stand. Diese merkten gar bald, dass die mathematischen und kosmographischen Kenntnisse des Kolumbus ziemlich dürftig und größtenteils aus d'Ailly geschöpft waren; auch entging es ihnen nicht, dass er gerade immer nur das herangezogen hatte, was seine Meinung zu stützen geeignet war. Da nun das Wissen jener beiden Männer jedenfalls über d'Ailly hinausging, so fiel es ihnen nicht schwer, aus eben denselben Schriftstellern, die Kolumbus für sich anführte, Stellen beizubringen, die gegen ihn sprachen. Was Kolumbus an religiösen Motiven anführte, dass er das Paradies entdecken, die Heiden bekehren und das Gold Indiens zur Vernichtung der Mohammedaner verwenden wollte, verschlug gegenüber den klar und ruhig denkenden Geistern auch nicht, ja ihr prüfender, vorurteilsloser Blick schaute tiefer in die Seele dieses Mannes, der mit seiner glühenden Phantasie und Schwärmerei für alles Wunderbare ihnen exzentrisch und wenig vertrauenswürdig für eine solche Unternehmung erschien. Die Sicherheit, mit der er von den Ländern redete, als hätte er sie schon entdeckt, die Ruhmredigkeit, mit der er von sich sprach, stießen die Männer der Wissenschaft ab; ein Geschichtschreiber, namens Barros, nennt ihn geradezu einen Prahler und Schwätzer, der mit seinen Phantasien wenig Glauben verdiene. – Die Räte empfahlen also dem König die Annahme des Projektes nicht; dennoch musste Kolumbus wohl einen starken Eindruck auf den König gemacht haben, denn er fing trotz des ablehnenden Bescheides Verhandlungen mit Kolumbus an. Aber da kam dieser mit seinen unerhörten, an Größenwahn grenzenden Forderungen. Felsenfest von dem Gelingen und der Großartigkeit seines Unternehmens überzeugt, verlangte er den erblichen Adelstand für sich und seine Familie, den Titel Admiral des Weltmeeres, Amt und Würde eines Vizekönigs und Statthalters aller entdeckten Länder und Inseln, den Zehnten aller Einkünfte jeder Art aus diesen Gebieten und das Recht, sich bei jedem Schiff, das mit den neuen Gebieten Handel treibe, mit dem achten Teil des Wertes zu beteiligen. Und das alles für eine Tat, die nicht nur noch nicht ausgeführt, sondern deren Gelingen nach dem Ausspruch Sachverständiger sogar höchst zweifelhaft war! Jetzt lehnte der König den Plan ab, und Kolumbus kehrte unverrichteter Sache heim.

Aber weder sein Glaube noch seine Energie waren dadurch gebrochen; er beschloss, sein Projekt anderswo vorzulegen. Um 1484 verschwand er plötzlich heimlich bei Nacht und Nebel aus Portugal. Seine Frau, die wahrscheinlich krank war, so dass sie ihm nicht folgen konnte, ließ er zurück, nur seinen Sohn Diego, der damals etwa 5 Jahr alt war, nahm er mit. Er war mit den Gesetzen von Portugal in Konflikt geraten; genaueres darüber ist nicht bekannt, jedenfalls wollte er sich durch seine heimliche Flucht dem Arm der Gerechtigkeit entziehen. Später, im Jahre 1488, versuchte der portugiesische König, ihn wieder nach Lissabon zu ziehen, vielleicht weil er gehört hatte, dass Kolumbus sich in Spanien für seinen Plan bemühte, und er fürchtete, dass der Genuese ihm womöglich in der Entdeckung Indiens zuvorkäme. Er sichert ihm in seinem Brief, worin er Kolumbus, „unsern besonderen Freund in Sevilla" nennt, Straflosigkeit zu, indem er schreibt: „ Und weil Ihr zufällig von unseren Behörden wegen gewisser Dinge, in die Ihr verwickelt seid, bedroht seid, so sichern wir Euch durch diesen unseren Brief für Kommen, Verweilen und Gehen zu, dass Ihr weder gefangen genommen, festgenommen, angeklagt, vorgefordert noch befragt werden sollt, wegen irgend welcher Angelegenheit, sei es Zivil- oder Kriminalsache oder was sonst." Kolumbus kam natürlich damals – der Brief war 1488 geschrieben – nicht. Er war 1484 in Puerto de St. Maria gelandet und hatte eigentlich nach Frankreich gewollt, um dessen König für sein Unternehmen zu gewinnen. Der Herzog von Medinaceli aber hielt ihn fest und beherbergte ihn ein Jahr lang. Im Verein mit diesem und anderen Gönnern, die er in Spanien noch gewann, bemühte er sich hier, die spanischen Majestäten für seinen Plan zu begeistern. Freilich lange Zeit vergeblich.

Kolumbus in Spanien

Als Kolumbus den spanischen Boden betrat, war er sicherlich von den Verhältnissen dieses Landes nicht genau unterrichtet; sonst hätte er sich selbst sagen können, dass hier wenig Aussicht auf Unterstützung für sein Unternehmen war. Denn die iberische Halbinsel – ein Königreich Spanien gab es damals überhaupt noch nicht – war bis dahin durch fortwährende innere Kriege, besonders die Fehden eines trotzigen, von Unabhängigkeits-sinn erfüllten Adels zerrissen. Erst seit 1475 war durch die Heirat Ferdi-nands von Aragonien und Isabella von Kastilien eine Einigung der beiden größten Königreiche durchgesetzt worden, und die große Staatsklugheit und rücksichtslose Energie besonders Ferdinands hatten den Adel gedemütigt, Frieden im Land geschafft und vor allem dafür gesorgt, dass auch der ein-fachste Mann zu seinem Recht kam. Noch hatten die beiden Majestäten diese Aufgabe nicht ganz vollendet, als sie sich schon an eine andere, eben-so große heranmachten: an die Vertreibung der letzten Anhänger Moham-meds aus dem Königreich Granada, dem einzigen Gebiet, das jenen von der ganzen Halbinsel geblieben war. Dieser Krieg nun nahm, als Kolumbus in Puerto de Santa Maria aus dem Schiff ans Land stieg, die ganze Aufmerk-samkeit der Majestäten, vor allem aber auch ihre Kasse in Anspruch. Aber es war der Klang eines Namens, der Kolumbus zog: I s a b e l l a . Durch seinen Beichtvater Pedro de Arenas, den Kolumbus schon in Italien kennen gelernt und der sich für seine Pläne interessiert hatte, war er auf diese Köni-gin aufmerksam gemacht worden, die sicherlich zu den außerordentlichsten Frauen gehört, die je auf einem Thron gesessen haben. Von ihrer Herzens-güte, ihrer Vorurteilslosigkeit, vor allem von ihrer Frömmigkeit war ihm erzählt worden; das war sicherlich eine Frau, die sich für eine Idee begeis-tern ließ, die nicht, wie der König von Portugal und seine Räte, erst mit kaufmännischer Nüchternheit nach dem sicheren Gewinn fragen würde.

Pedro de Arenas hatte ihm höchstwahrscheinlich auch Empfehlungsbriefe an verschiedene spanische Große mitgegeben, vor allem an Louis de la Cerda, Herzog von Medinaceli, an den der Genuese übrigens auch durch den Florentiner Bankier Juanoto Berardi empfohlen war. Der Herzog war ein Mitglied des höchsten spanischen Adels, reich begütert und jedenfalls ein liebenswürdiger, vorurteilsfreier Herr; denn er nahm Kolumbus freundlich auf und interessierte sich sofort so für ihn, dass er ihn über ein Jahr in seinem Haus beherbergte. Er mochte Gefallen gefunden haben an dem Mann mit der hohen Gestalt, dem würdevollen Gesicht mit der scharf geschnittenen Adlernase und den glänzenden hellblauen Augen unter dem frühzeitig ergrauten Haar. Dazu entfaltete der Genuese, besonders im Verkehr mit hochgestellten Personen, ein angenehmes Wesen, eine anmutige heitere Unterhaltung und eine fesselnde Beredsamkeit, wenn er auf seine Pläne zu sprechen kam, die er natürlich auch dem Herzog mit Begeisterung vortrug. Durch Medinaceli lernte er auch andere einflussreiche Edelleute kennen, vor allem den Herzog von Medina-Sidonia, Don Enriquez de Guzman, der ihm anfangs zwar ziemlich kühl gegenübertrat, bald aber von Kolumbus gewonnen wurde, so dass er ihm für immer ein treuer Gönner blieb. Die Hauptsache war nun, dem Kolumbus eine Audienz bei Isabella auszuwirken; denn obwohl die beiden Herzöge selbst eigentlich reicher waren als der König – Medinaceli bezog aus seinen Gütern ein Einkommen von 30000 Dukaten (288000 M), der Herzog von Medina-Sidonia von 60000 Dukaten (576000 M) – so erkannten sie sehr richtig, dass für ein solches Unternehmen nicht nur Geld, sondern auch andere Mittel vonnöten seien, wie sie eben nur einem König zur Verfügung stehen. Ferdinand und Isabella befanden sich damals in Cordoba, wo sie die Operationen gegen die Mauren leiteten. Sie waren bisher in dem Krieg glücklich gewesen, hatten den Mauren eine Stadt nach der anderen entrissen und rückten immer näher an die Stadt Granada heran. Von Cordoba aus unternahm Ferdinand seine Streif- oder besser Verwüstungszüge, denn es wurden dabei alle Landhäuser, Scheunen und Mühlen verbrannt, Weinstöcke ausgerissen und Olivengärten und Pflanzungen von Pomeranzen, Mandeln, Maulbeeren, Granaten zerstört. Kam dann der König von einem solchen Siegeszug zurück, so feierte die Königin den Erfolg in überschwänglicher Begeisterung.

Als Kolumbus nach Cordoba kam, war Ferdinand gerade wieder in der Stadt anwesend, und der Genuese sah daher das spanische Heer, in dem neben den Spaniern auch Schweizer, Deutsche und Franzosen dienten, im Lager. Hier waren auch der höchste Adel und die fremden Gesandten versammelt, und man glaubte eher bei einem Hofgepränge, als in einem Kriegslager zu sein; so lustig sah es aus. Die stolzen spanischen Granden entfalteten ihren ganzen Reichtum; sie hatten Zelthäuser, mit bunten Wimpeln geschmückt und mit den Wappen ihrer Häuser bemalt, zogen in prächtigem Aufzug daher und bedienten sich bei Tafel des Silbergeschirrs; auch König und Königin, sonst einfach und sparsam, erschienen im Glanz prunkvoller Kleidung, wo sie sich öffentlich zeigten. Kolumbus wurde in dem Haus des königlichen

König Ferdinand der Katholiſche.

Königin Jsabella die Katholische.

Schatzmeisters, Alonso de Quintanilla einquartiert, wo er Pedro Gonzales de Mendoza, Großkardinal von Spanien, vorgestellt wurde und ihn zum Freund gewann. Mendoza war der höchste kirchliche Würdenträger, also ein Geistlicher. Es ist eine eigentümliche Erscheinung, dass die meisten Freunde, die Kolumbus in Spanien gewann, Geistliche gewesen sind, dass er hauptsächlich ihrem Einfluss es zu verdanken hatte, wenn er Unterstützung fand. Es erklärt sich das aber leicht aus des Kolumbus eigenem Charakter und seiner Weltanschauung. Er war nicht nur sehr fromm in äußerer Beziehung, sondern religiöse Motive lenkten und beeinflussten sein Tun so sehr, dass jeder Geistliche für ihn eingenommen werden musste. Einen besseren Freund nun wie Mendoza konnte sich Kolumbus kaum wünschen. Der Großkardinal war damals unbestritten der mächtigste Mann, man nannte ihn scherzhaft den „dritten König von Spanien"; denn er war erster Minister und vertrauter Ratgeber Isabellas, die den hochbegabten und freidenkenden Mendoza auch persönlich sehr schätzte und seinen Rat bei jeder Gelegenheit einholte, wenn sie ihn auch nicht immer befolgte. Mendoza führte denn auch den Kolumbus bei Hofe ein und erwirkte ihm eine Audienz. Es war im Anfang des Jahres 1486 – den Tag kennen wir nicht genau – als der Genuese zum ersten Mal vor die berühmte Königin und ihren Gemahl tritt.

Isabella war von ausgezeichneter Schönheit, mittelgroß, mit auffallend regelmäßigen Gesichtszügen; ihr Haar war hellkastanienbraun, ins rötliche schimmernd; das Auge, blau, mit mildem Ausdruck, verriet Verstand und Gefühl. Ferdinand wurde durch seine Gemahlin etwas in den Schatten gestellt: „Er hatte hellbraunes Haar, das über der Stirn kurz geschnitten war, über die Schulter und den Rücken aber herabhing. Auf den Lippen schwebte ein beständiges freundliches Lächeln, und obgleich er auf einem Auge schielte und infolge des Verlustes eines Vorderzahnes beim Sprechen lispelte, so hatte doch sein frisches, volles Gesicht mit den wenigen, leicht gezeichneten Falten einen gewinnenden Eindruck. Er war meist sehr einfach gekleidet und hatte daher mehr das Aussehen eines guten Landedelmannes, als eines Königs. Isabella war damals schon wegen ihrer vortrefflichen Eigenschaften allgemein beliebt; Ihre Reinheit und Keuschheit war über jedes Lob erhaben, und ebenso groß war ihre Frömmigkeit, ihre Demut und Ergebenheit gegen den Glauben, in dem sie erzogen war. Daher war sie denn auch religiösen Einflüssen leicht zugänglich und pflichtete in allem, was sie für höhere Einsicht oder Heiligkeit hielt, ihren geistlichen Räten nur allzu ungedingt bei. Nur so ist es erklärlich, dass diese edle Frau, von der sonst nichts Gutes berichtet wird, ihrem gesunden Menschenverstand und ihrer natürlichen Herzensgüte zum Trotz, eine so unmenschliche Einrichtung, wie es die Inquisition war, duldete, ja beförderte.

Als Kolumbus seinen Plan den spanischen Majestäten vortrug, betonte er, jedenfalls mehr als in Portugal, seine religiösen Motive. Nach Ophir wollte er fahren, dem Land, von dem die Bibel berichtet, dass Salomo dort seine Schätze geholt habe. Viel Gold wolle er außerdem mitbringen, damit Ferdinand und Isabella den Krieg gegen die Mauren nachdrücklicher führen könnten. Der König, der nicht so leicht zu begeistern war und bei dem die religiösen Seiten des Projekts weniger wirksam waren, beschloss, wie schon Johann in Portugal, den Plan durch eine Junta prüfen zu lassen. Nun gab es sicherlich damals in Spanien nur sehr wenig Gelehrte, die fähig waren, ein solches Projekt zu beurteilen; diejenigen aber, die in Cordoba Kolumbus anhörten, verstanden überhaupt nichts, das sieht man aus den lächerlichen Fragen und Einwendungen, die sie erhoben. Den Vorsitz führte der Hieronymit Fray Hernando de Talavera, ein Mann von großer Herzensgüte und einer für jene Zeit ganz ungewöhnlichen Milde, ein guter Theologe und Seelsorger, aber gewiss ein ebenso schlechter Kosmograph. Auch die übrigen verstanden von Kosmographie, Nautik und Schifffahrtskunst weit weniger als Kolumbus; sie steckten zum Teil noch fest in ganz veralteten Anschauungen. Da gab es einige, die von der Kugelgestalt der Erde nur eine ganz verworrene Anschauung besaßen, sie hatten sicherlich in ihrem Leben überhaupt noch keinen Globus gesehen. Man behauptete, es sei unmöglich, dass Menschen auf dem Kopf gehen, Bäume mit den Wurzeln nach oben wachsen sollten; einer fragte, wie denn Kolumbus, wenn die Erde wirklich rund und er westwärts bergab gefahren sei, dann ostwärts bergauf fahren wollte? Solche und ähnliche lächerliche Fragen musste er beantworten, Spötter anhören, Zweifel zerstreuen, und dennoch empfahl die Junta die Unterstützung des Projektes nicht. Talavera sprach sich dahin aus: Der Plan sei unausführbar und der Abweisung wert. Für ihn hatte sich nur der Astrologe Antonio de Marchena ausgesprochen.

Kolumbus wurde indessen von seinem Freund, dem Professor der Theologie und Prior des Klosters St. Esteban in Salamanca, Diego de Deza, der als Prinzenerzieher am Hof weilte, getröstet. Er munterte ihn auf, seine Pläne den Professoren der Universität S a l a m a n c a vorzutragen; er wolle die Bekanntschaft vermitteln. Salamanca war damals die berühmteste spanische Universität, das spanische Athen; hier wurden nicht nur theologische Wissenschaften, sondern auch Astrologie, Physik und Mathematik, freilich teilweise wohl etwas veraltet, vorgetragen; man kannte den Aristoteles, Plinius und andere berühmte Kosmographen. – Kolumbus begab sich denn auch nach Salamanca, wurde mit den Mönchen des Klosters St. Esteban bekannt gemacht und auf einem dem Kloster gehörigen Gütchen, Valcuebo genannt, einquartiert. Die Mönche vermittelten seine Bekanntschaft mit den Professoren von Salamanca, die natürlich auch alle geistliche Herren, zum Teil Angehörige des Klosters selbst waren. Er wohnte längere Zeit in Salamanca, und dort, in dem heute noch erhaltenen düsteren Saal de profundis, im Erdgeschoss des Klosters San Esteban, sprach er vor den Mönchen und Professoren der Theologie, der Mathematik und der freien Künste, nicht in

Hospital Valcuebo in Salamanka.

öffentlicher, vom König einberufener Versammlung, sondern in vertraulichen Privatgesprächen. Die Urteile der Gelehrten waren geteilt; einige bezweifelten die Ausführbarkeit des Unternehmens; die meisten sprachen sich wohl dafür aus. So tief, wie die Räte König Johanns von Portugal, vermochten sie der Sache nicht auf den Grund zu gehen; wer weiß, ob sie sich dann

50

nicht ebenso ablehnend verhalten hätten. Als das Königspaar im November 1486 nach Salamanca kam, wurde ihm das günstige Urteil der Professoren bekannt. Dadurch aufmerksam gemacht und wohl schon von Anfang an für Kolumbus eingenommen, ließen sie ihm mitteilen, dass der Krieg jetzt nicht Zeit lasse, der Sache näher zu treten; er solle warten, bis Friede im Land sei. Einstweilen wurde er dem königlichen Dienst einverleibt, indem man ihm eine Unterstützung aus der königlichen Kasse zusicherte. –

Mit diesem Bescheid vorläufig auch durchaus zufrieden, kehrte Kolumbus einstweilen nach Cordoba zurück. Dorthin zog ihn eine Herzensangelegenheit, die adelige Dame Beatriz Enriquez de Avana, deren Liebe er gewonnen hatte. Als er sie, die „Blume des Guadalquivir", kennen lernte, streifte

Klofter La Rabida.

er nahe an die fünfzig Jahre. Beatriz war schön und geistreich und eine treue Freundin in der trüben Zeit des Wartens, die nun begann. Sie schenkte ihm 1488 einen Sohn, den Kolumbus, dem König zu Ehren, Fernando nannte. Warum Kolumbus sie nicht geheiratet hat, obwohl seine erste Frau gestorben und er also Witwer war, ist schwer zu sagen. Wahrscheinlich wollte er sich nicht binden, um nur seinen Plänen zu leben. Er hat merkwürdigerweise die schöne Frau sehr schnell vergessen und sie, wenn er von seinen

Reisen kam, nie wieder aufgesucht. Erst in seinem Testament erwähnte er ihren Namen, der sein Gewissen bedrückte. Warum, sagt er nicht; er setzte ihr eine ansehnliche Summe aus; das Geheimnis seines Gewissens hat er mit in das Grab genommen.

Inzwischen wurde seine Geduld auf eine harte Probe gestellt. Jahre vergingen, ohne dass von Seiten des königlichen Hofes irgendwelche Anstalten gemacht worden wären. Wir wissen über die Zeit des Wartens nichts Genaueres; er hat sich jedenfalls abwechselnd in Sevilla bei seinem Gönner Medinaceli, in Cordoba bei Beatriz und in Salamanca bei den Mönchen von St. Esteban aufgehalten. Auf die Dauer musste ihm aber dieses Warten langweilig, das fortwährende Vertrösten aussichtslos erscheinen. Wer wollte sagen, wie lange der Maurenkrieg noch dauern würde? So knüpfte er mit Frankreich und England Verhandlungen an; besonders aussichtsreich schien England zu sein, wo König Heinrich VII. die Schifffahrt und das Seewesen mächtig förderte. Dort war auch in der Tat schon sein Bruder Bartholomäus, der seit längerer Zeit Kartenzeichner am englischen Hof war, für seine Pläne tätig. Im Jahre 1491 beschloss Kolumbus, den Gedanken zur Tat werden zu lassen und auszuwandern. Er befand sich in sehr misslichen Verhältnissen; denn die Unterstützungssummen, die ihm der Hof anweisen ließ, waren nicht sehr groß; seit längerer Zeit hatte er überhaupt nichts mehr bekommen. Was er sich durch Kartenzeichnen verdiente, reichte bei weitem nicht aus, den Lebensunterhalt zu bestreiten und wies ihn auf die Mildtätigkeit seiner Freunde und Gönner an. Es schien damals nicht, dass ihm in Spanien sein Glück blühen sollte; er hoffte es in England zu finden.

Bevor er aber das Land verließ, wollte er seinen Sohn Diego der Obhut seiner Schwägerin anvertrauen, die in Huelva wohnte, einem Ort nahe der Südküste, unweit des Hafens Palos. Von hier aus wollte er sich dann einschiffen, ein heimatloser Mann, ein ewiger Wanderer, den nirgends sein Glück zu erreichen scheint. Mit seinem Sohn wanderte er in trüber Stimmung am Rio Tinto hin; da grüßten ihn von einem Hügel nahe dem Meer die freundlichen Gebäude des Klosters la Rabida. Weithin glänzte im Strahl der Sonne das goldene Kreuz von der Kapelle. Kolumbus hielt im Gehen inne. Er und sein Söhnlein waren hungrig; er beschloss kurze Einkehr im Kloster zu halten und die frommen Mönche um ein Stück Brot und einen Trunk Wasser zu bitten. So klopfte er an die Klosterpforte; der Pförtner öffnete und willfahrte seiner Bitte. Aber die fremdartige Aussprache des Spanischen, die eigentümlich anziehende Erscheinung des Gastes, sein kummervolles Wesen weckten das Interesse des Mönches. Er berichtete seinem Prior über den seltsamen Fremdling. Der Prior ließ ihn zu sich in seine Wohnung geleiten, und mit dem scharfen Blick des Seelsorgers erkannte Juan Perez de Marchena, so hieß der Prior, dass ein schwerer Kummer das Herz seines Gastes bedrücke. Voller Teilnahme fragte er ihn aus, und Kolumbus, froh, ein mitleidiges Herz zu finden, dem er sein Inneres offenbaren konnte, erzählte ihm seine Geschichte. Wie immer, so verfehlte auch bei diesem Geistlichen die Rede des Kolumbus ihren Eindruck nicht; die frommen Zwecke, die Kolumbus mit seinem Unternehmen verband, leuchteten ihm ein. Er wusste indessen über die Ausführbarkeit des Unternehmens nicht zu urteilen und ließ daher seinen Bekannten aus dem nahen Palos, den Arzt Garzia Hernandez, einen Mann, der sich viel mit Kosmographie beschäftigte, holen. Dieser war jedenfalls, da er ja in einer Hafenstadt lebte, mit den neuesten Errungenschaften und Theorien vertraut; er entschied für die Ausführbarkeit des Planes und meinte, man tue der Königin keinen Dienst, wenn man diesen Mann ziehen lasse. Beide gaben sich daher Mühe, den Kolumbus zu halten; und dieser willigte auch ein, zu warten, bis ein Eilbote, den der Prior mit einem Bericht an die Königin senden wollte, zurück sei. Die Antwort war außerordentlich günstig; wahrscheinlich hatten die Freunde, die Kolumbus am Hof besaß, ein gutes Wort für ihn eingelegt. Isabella bedankte sich bei dem Pater für seinen Eifer und schrieb, Kolumbus solle sich nur einige Wochen gedulden; die Einnahme Granadas stehe nahe bevor; dann wolle man ihn anhören. Inzwischen solle er nach Santa Fé kommen. Zugleich schickte sie ihm, da Juan Perez wohl die vollständige Mittellosigkeit des Kolumbus angedeutet hatte, 53 Dukaten, damit er in gebührendem Aufzug bei Hofe erscheinen könne. –

Welch eine Wendung des Schicksals! Kolumbus, noch vor kurzem arm, an der Erreichung seines Ziels in Spanien verzweifelnd, jetzt mit den nötigsten Mitteln versehen in dem stolzen Bewusstsein der Gnade der Königin Isabella das Herz von neuer Hoffnung erfüllt! Noch einmal seine Pläne vorzutragen, machte sich jetzt der „Mann der großen Verheißungen", wie man ihn nannte, auf den Weg nach Santa Fé, jener Stadt, die binnen drei Monate an Stelle des Zeltlagers vor Granada erbaut worden war. Er kam gerade recht, um Zeuge eines der erhabensten Momente der spanischen Geschichte zu sein; der Übergabe von Granada. Diese Perle der spanischen Städte, der „Schmuckkasten, der von Hyazinthen und Smaragden glänzt", wie ein arabischer Schriftsteller in seiner blumenreichen Sprache sich ausdrückt, war durch Hunger zur Übergabe gezwungen worden. Am 2. Januar 1492 war der große Tag. Das ganze spanische Lager prangte in festlicher Kleidung. König Ferdinand hielt in prachtvoller Rüstung nahe bei der Stadt, umgeben von seinen Großen, die in gleich prächtigem Aufzug erschienen

waren, die Königin stand etwas weiter zurück bei der Nachhut. Der Großkardinal Mendoza rückte mit einer Heeresabteilung zu der Stadt vor, um die
Alhambra, die märchenhaft schöne Königsburg von Granada zu besetzen.
Jetzt öffneten sich die Tore; heraus ritt in Begleitung von 50 Reitern der
Maurenkönig Abdallah. Er kam zu dem König geritten, stieg ab und wollte
ihm die Hand küssen; Ferdinand indessen duldete dies nicht, sondern um-
armte den Besiegten mit allen Zeichen der Teilnahme und Achtung. Er
empfing sodann die Schlüssel, und als Abdallah auch der Königin gehuldigt
hatte, sah man in den Strahlen der untergehenden Sonne die silberne Fahne
des Kreuzes auf dem Hauptturm der Alhambra glänzen, während von den
roten Türmen die Banner von St. Jago und Kastilien herabwehten. Jetzt
stimmte der Chor der königlichen Kapelle ein feierliches Tedeum laudamus
an, und das ganze Heer warf sich, von tiefer Rührung ergriffen, auf die
Knie, während die Ritter und Edelleute der Königin durch den Handkuss als
Königin von Granada huldigten. Wie allen, die diesem großartigen Schauspiel beiwohnten, ist auch dem Kolumbus der Tag unvergesslich geblieben.
In einem Brief, den er an die Majestäten schrieb, gedenkt er des Ereignisses,
dass zugleich für ihn Erfüllung seiner Wünsche brachte, und in seiner poeti-
schen schwungvollen Ausdrucksweise schreibt er: „Nachdem Eure Hoheiten in diesem gegenwärtigen Jahr 1492 dem Krieg gegen die Mauren, die in
Europa regierten, ein Ende gemacht und in der großen Stadt Granada Friede
geschlossen, dieses selbe Jahr, am 2. Tag des Monats Januar, sah ich in
Kraft der Waffen die königlichen Banner Eurer Hoheiten auf den Türmen
der Alhambra wehen und sah den maurischen König aus den Toren seiner
Stadt ziehen und die Hände Eurer Hoheiten küssen." -

Noch unter dem Eindruck dieses großartigen Ereignisses hatte Kolumbus
eine Zusammenkunft mit den Majestäten. Er setzte noch einmal ganz genau
die Gründe auseinander, die ihn bewogen, an die Möglichkeit einer Westfahrt zu glauben. Er schilderte die Reiche Zipangu und Kathay, die Länder
des Großkhans, wohin ja seine Reise gehen sollte, mit den glühendsten
Farben, mit allen Mitteln seiner beredten Zunge. Er wandte sich an die
Frömmigkeit und den Glaubenseifer Isabellas, indem er ihr darlegte, wel-
chen Verdienst um den heiligen Glauben sie sich erwerben würde, wenn sie
dazu beitrüge, die in die Nacht des Heidentums versunkenen Völker des
Ostens zu retten. Er schloss mit der glänzenden Aussicht, dass man mit dem
Geld, das er von seiner Reise mitbringen würde, das heilige Grab würde aus
der Gewalt der Ungläubigen befreien können. Jetzt schon blicke die gesamte Christenheit auf das spanische Volk; welcher Ruhm erst, wenn durch
Spanien der ehrwürdige Boden des heiligen Landes von den Ungläubigen

gesäubert sei. Seine Rede konnte ihren Eindruck auf die Königin nicht verfehlen, umso weniger, als kurz vor der Eroberung Granadas zwei Mönche aus dem heiligen Land im Auftrag des Sultans erschienen waren. Sie brachten die Nachricht, dass der Sultan die spanischen Majestäten auffordere, augenblicklich vom Kampf gegen die Mauren abzulassen; er werde sonst seine Glaubensgenossen an den Wallfahrern rächen. Man willigte also ein, dem „Manne der großen Verheißungen" die Mittel zu seinem Unternehmen zu gewähren. Aber da kam Kolumbus wieder mit seinen Forderungen, um derentwillen schon Johann von Portugal seine Hand wieder zurückgezogen hatte. Mit Recht wurden sie auch in Spanien für zu hoch erachtet. Ferdinand, der schon von Anfang an dem Unternehmen wenig Sympathie entgegengebracht hatte, wurde in seiner Abneigung noch durch die Vorstellungen Talaveras, desselben, der schon in Cordoba sich ablehnend ausgesprochen hatte, bestärkt. Talavera meinte, die Forderungen verrieten den höchsten Grad an Anmaßung, und es würde unpassend für die königlichen Hoheiten sein, sie einem fremden dürftigen Abenteurer zuzugestehen. Auch die Königin mochte sich sagen, dass sie sich doch sehr leicht dem Spott aussetzen könnte, wenn sie so horrende Forderungen auf eine Idee hin gewähren würde, deren Ausführbarkeit doch mindestens zweifelhaft war. Denn wenn auch einige ihrer angesehensten Räte die Sache befürworteten, so standen doch auf der anderen Seite ebenso bewährte Ratgeber, die das Gegenteil aussagten; auch die Gelehrten von Salamanca bildeten ja in dieser Frage zwei Parteien. Alle Versuche, den Kolumbus zu bewegen, von seinen Forderungen etwas abzugehen, blieben fruchtlos. Mit einer Energie und Zähigkeit hielt der hartnäckige Mann an jedem Tüpfelchen fest, dass man noch heute über diesen unerschütterlichen Glauben an die glänzendsten Erfolge staunen muss. Nicht einen Fuß breit wich er zurück. Ihm schien das Ganze verloren, wenn er einen Teil aufgeben würde. Seine Vorstellung von der Größe und dem Reichtum Kathays und der öffentlichen Länder war so groß, dass die Größe seines Unternehmens sich mit seiner eigenen persönlichen Größe verschmolz. Er betrachtete sich als einen Abgesandten Gottes, der durch ihn das Werk, das mit der Eroberung von Granada angefangen war, vollenden wolle: die völlige Besiegung der Ungläubigen und die Befreiung des heiligen Grabes. Keine Belohnung konnte für einen solchen, von der Vorsehung ihm selbst zugewiesenen Dienst zu groß sein, und als man ihm seine Forderungen nicht zugestand, besaß er die Kühnheit, dem Hof abermals den Rücken zu kehren. Alles oder nichts! Das war seine Losung. -

Er kam nicht weit. Denn noch einmal versuchten seine Freunde bei Hofe und in der Umgebung der Königin, allen ihren Einfluss geltend zu machen, um Isabella zu überreden. Besonders der königliche Schatzmeister, Louis de Santangel, stellte der Königin vor, dass Kolumbus diese hohen Forderungen nur für den Fall der Erfüllung stelle; misslinge ihm die Sache, so verlange er ja gar nichts. Er deutete auch an, dass seiner Meinung nach Kolumbus der richtige Mann sei, das Unternehmen durchzuführen, und dass er sicherlich einen anderen Herrscher finden würde, der ihm trotz seiner hohen Forderungen seine Unterstützung nicht versagen würde. – Andere redeten in gleicher Weise: Man solle das Unternehmen wagen für den Dienst Gottes, den Triumph des heiligen Glaubens, der Vergrößerung des Vaterlandes und den Ruhm des königlichen Staates von Don Fernando und Doña Isabella. –

Endlich gaben die Majestäten nach; es wurde ein Eilbote abgesandt, der Kolumbus auch zwei Meilen vor Granada einholte und zurückbrachte. Am 17. April 1492 wurde der Vertrag unterzeichnet, nach dem Ferdinand und Isabella als Beherrscher der Weltmeere Christoph Kolumbus zu ihrem Admiral, Vizekönig und Oberbefehlshaber aller der Inseln und Festländer, die er im Weltmeer entdecken würde, ernannten. Es wurde ihm ferner das Vorrecht erteilt, drei Bewerber für die Regierung dieser Gebiete, damit die Krone einen davon wähle, vorzuschlagen. Ihm sollte die ausschließliche Gerichtsbarkeit innerhalb seiner Admiralität übertragen werden; er solle den zehnten Teil des Gewinnes von allen Produkten und Waren, Perlen, Silber oder Gold erhalten; wenn er wolle, könne er sich bei allen Unternehmungen mit dem achten Teil der Kosten beteiligen, wofür er dann ebensoviel vom Gewinn erhalten solle, er wurde geadelt und erhielt den Titel „Don", und alle diese Vorrechte sollten für seine Nachkommen von „Generation zu Generation" gelten.

So war Kolumbus endlich am Ziel seiner Wünsche. Endlich, nach siebenjähriger Geduldsprobe hatte seine Zähigkeit gesiegt. Der Traum seines Lebens war in Erfüllung gegangen; Ruhm, Ehre, Reichtum winkten ihm; er war aus unbedeutender Armut zum Kommandanten eines, wenn auch sehr kleinen Geschwaders, ernannt worden, um auszuziehen, die goldenen Länder des Ostens zu suchen.

Die erste Reise

Nachdem das Übereinkommen von beiden Majestäten unterzeichnet worden war, wurden sofort die Anstalten zur Abreise getroffen, indem die Königin Befehle an die Häfen Andalusiens abgehen ließ, dem Kolumbus in jeder Weise bei seinen Vorbereitungen behilflich zu sein. Die Summe freilich, die bewilligt wurde, war sehr gering, denn die Staatskasse war durch die fortwährenden Kriege geleert, auch war wohl die Königin, die ja selbst über die Ausführbarkeit der Unternehmung nicht urteilen konnte, weil sie nichts davon verstand, nicht geneigt, zu große Summen darauf zu verwenden. So betrugen denn die gesamten Ausgaben 1140000 Maravedis (rund 30000 M), gewiss eine geringe Summe, verglichen mit den Millionen, die heutzutage für Kolonialunternehmungen aufgewendet werden müssen.

Am 12. Mai beurlaubte Kolumbus sich vom Hofe und begab sich nach Palos. Die Majestäten gaben ihm Empfehlungsschreiben an den Großkhan mit, nach dessen Reich und Hauptstadt die Fahrt ja gehen sollte. Infolge der Anordnungen der Königin hatte Palos zwei Schiffe zu stellen; es war dies die Strafe für eine Unbotmäßigkeit, deren die Stadt sich schuldig gemacht hatte. Die Ausrüstungsgegenstände, sowie Nahrungsmittel und allerhand billige Tauschartikel, wie Glasperlen, bunte Kleidungsstücke, Waffen und ähnliche Gegenstände wurden auf königlichen Befehl abgabenfrei und zu den niedrigsten Preisen geliefert. Schwieriger war es schon, die Bemannung der Schiffe anzuwerben; denn die gewöhnlichen Matrosen blickten mit Schrecken auf den Plan einer Reise, die auf ein Meer gehen sollte, das bisher noch nie befahren worden war. Dazu war der Aberglaube groß; die schauerlichsten Geschichten von ewiger Finsternis, von Sirenen, Feuerströmen und Windstillen waren im Umlauf, und wer wollte schließlich voraussagen, ob man wirklich nach Durchkreuzung des Meeres auf Land treffen würde?

In dieser Verlegenheit fand Kolumbus einen Helfer in Martin Alonso Pinzon, der ein Angehöriger der in Palos jedem wohlbekannten Reederfamilie der Pinzonen war, ein Mann, der an kühnem, unternehmendem Sinn, seemännischer Tüchtigkeit und Energie dem Kolumbus ähnlich und vielleicht der einzige war, der seine Ideen verstand und würdigte. Er unternahm es, Leute für die Reise anzuwerben und tat es mit solchem Eifer, als gälte es sein eigenes Unternehmen. Mit allerhand Versprechungen suchte er die

Matrosen zu gewinnen; zu den einen sagte er, diese Reise würde sie aus ihrem Elend befreien, zu den anderen, sie würden Häuser mit goldenen Ziegeln finden. So brachte er denn 120 Mann zusammen, meist Leute aus Palos, Moguer und Huelva; durch seine Bemühungen wurde auch Juan de la Cosa, ein ausgezeichneter Kartograph und tüchtiger Lotse, gewonnen, sein Schiff, die „Santa Maria", zur Unternehmung zu leihen und sich selbst zu beteiligen. Erster Kommandant war Kolumbus, die beiden anderen Schiffe wurden von den Gebrüdern Pinzon befehligt. Unter der Besatzung befanden sich auch ein königlicher Notar, ein Arzt und ein Gerichtsdiener.

Anfang August lagen die Schiffe segelfertig im Hafen; die Fahrzeuge, so genannte Karavelen (von dem türkischen Wort Kara = schwarz nach ihrer Bemalung mit Teer) waren nicht groß; das Flagschiff des Admirals, die „Santa Maria", war nur 22,60 m lang und 7,80 m breit; sie war aber sehr solide gebaut, hatte sich auf mehreren stürmischen Fahrten nach Flandern gut bewährt und war mit einem vollständigen Verdeck versehen.

Die anderen beiden Schiffe, die „Pinta" (die Bemalte) und die „Niña" (die Kleine) waren dagegen in der Mitte ungedeckt und besaßen nur hinten und vorn so genannte Kastelle. Die Segel waren teils rund, teils viereckig und zeigten in der Mitte ein großes Kreuz, um schon damit den Hauptzweck der Fahrt, die Verbreitung des Christentums, anzudeuten. – Die kleinen Fahrzeuge sahen ganz stattlich aus, wie sie sich so auf den Wellen wiegten, mit ihrer schwarzen Bemalung und hellroten Streifen am oberen Rand und einem Schnitzwerk am Hintersteven. Am 2. August versammelten sich die „Indienfahrer", wie man die Teilnehmer der Expedition nannte, und zogen, nachdem sie gebeichtet und das heilige Abendmahl genommen hatten, in feierlicher Prozession zu der Kirche von Palos zu einem letzten Gottesdienst auf heimischer Erde.

Endlich am 3. August stach das Geschwader in See, merkwürdigerweise an einem Freitag. Man wusste damals wohl noch nichts von dem Aberglauben, der in dem Freitag einen Unglückstag erblickt. Es ging den Rio Tinto hinunter, an der Barre (Sandbank) von Saltes vorüber in die offene See und eine sanfte Brise trieb die Schiffe in der Richtung der Kanarischen Inseln langsam vorwärts. Allein schon am 6. August passierte ein Unglück; das Steuerruder der „Pinta" brach, wie man vermutete auf Anschlag Gomes Raskons, der von dem Eigentümer des Schiffes beredet worden war, auf diese Weise sein Fahrzeug von der Reise zurückzuhalten und zu retten. So sehr war man überzeugt, dass das Unternehmen zu keinem günstigen Erfolg führen würde. Der kundige Alonso Pinzon suchte das Steuerruder zu reparieren, allein am folgenden Tag brach es wieder, und so musste Kolumbus vier kostbare Wochen auf Gomera, einer der Kanarischen Inseln, auf die Ausbesserung der Pinta verwenden; eine lange Zeit für seine Geduld, die durch das siebenjährige Warten schon auf eine so harte Probe gestellt worden war! Endlich am 6. September war die Reparatur beendet, am 9. erhob sich ein munterer Wind, der die Segel schwellte und die Schiffe vorwärts trieb, hinaus in den unendlichen Ozean. Bald entschwand den Zurückschauenden die letzte Spur von Land im blauen Duft und man sah rings nur Himmel und Wasser. Anfangs war die gesamte Mannschaft guten Mutes, das Wetter war schön, es herrschte die schönste Ordnung und Eintracht auf

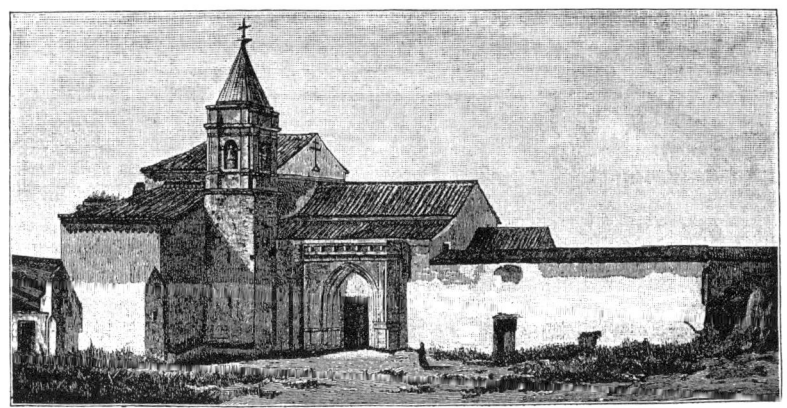

Die Kirche zu Palos.
Nach „El Centenario" Revista illustrata.

den Schiffen, und im Übrigen sorgte Kolumbus dafür, dass jeder immer etwas zu tun habe, damit er nicht auf schlimme Gedanken komme. Auch das Essen war nicht schlecht; es gab täglich Fleisch, an den Fasttagen Bohnen in Wasser und Salz gekocht, an Feiertagen Kabeljau, dazu etwas verdünnten Wein.

Die Stunden des Gebets wurden pünktlich innegehalten, und sobald der Sonnabend herankam, wurde ein Altar mit dem Christusbild und zwei Kerzen auf dem Verdeck errichtet und die Schiffsmannschaft sang mit rauer Kehle das Salve. Es waren feierliche Momente, wenn die Klänge des heiligen Liedes über den leise wogenden Ozean dahinschallten und der Himmel schweigend herabsah auf die andächtigen Männer, die im Vertrauen auf seine Hilfe über das unbekannte Meer fuhren im Zeichen des Kreuzes!

Abends zündete Kolumbus selbst die Schiffslaterne an, die dann an dem Mast der „Santa Maria" befestigt wurde, als Signal für die beiden anderen Schiffe, damit sie sich im Dunkel der Nacht nicht verlören. Außerdem blinkte noch ein dünner Lichtstrahl aus dem Kompasshaus, wo der Kapitän, den Schlaf seiner Nächte opfernd, stand, unermüdlich die Magnetnadel und die Sterne beobachtend. Oft saß er auch des Nachts in seiner Kajüte, einem kleinen Raum, ausgestattet mit einem Tisch, einem Lehnstuhl und einem Schrank. Dann arbeitete er an seinem Tagebuch und den Schiffsjournalen, worin er die geringste Kleinigkeit vermerkte. Er führte zwei Bücher; in das eine trug er die richtigen Entfernungen, soweit er sie richtig schätzen konnte, ein, im anderen notierte er geringere Zahlen, damit die Schiffsmannschaft über die Größe der zurückgelegten Entfernungen nicht erschrecke und den Mut verliere. Leider ist das Tagebuch selbst nicht erhalten; wir besitzen nur einen Auszug, den Las Casas, der Freund des Kolumbus, seiner indischen Geschichte einverleibt hat. Glücklicherweise ist dieser Auszug oft wörtlich, und so kann man die Begabung des Entdeckers bewundern, mit seiner Beobachtung alles, was ihm begegnete, zu verfolgen und in leichten flüssigen Sätzen zu beschreiben.

Die ersten Tage verliefen ohne besondere Merkwürdigkeiten. Man beobachtete nachts Sternschnuppen von außerordentlicher Schönheit, am Tage aber genoss man die angenehme Luft, die so frisch, so mild, so leicht war, wie im Frühling in Andalusien. Es fehlte nur der Gesang der Nachtigallen, sonst hätte man glauben können, Mai in der andalusischen Heimat zu feiern.

Am 13. September machte Kolumbus eine überraschende Wahrnehmung: die Abweichung der Magnetnadel. Diese zeigt bekanntlich auf der Windrose mit einer ganz geringen Abweichung nach dem Nordpol. Diese kleine Abweichung war damals in Spanien etwas östlich. Am 13. September indessen schlug die Nadel ganz plötzlich am Nordpunkt vorüber nach Nordwesten aus, und diese Abweichung nahm von Tag zu Tag zu, so dass es am 17. auch die Steuerleute bemerkten. Sie erzählten es natürlich den übrigen, und alle gerieten, wie Kolumbus gefürchtet hatte, in große Bestürzung. Sie glaubten, die ganze Natur habe sich verändert und sogar der Kompass, der einzige Führer in der unbekannten Wasserstraße, würde sie im Stich lassen. Kolumbus erklärte sich die Sache so, dass der Polarstern seine Stellung verändere, während die Nadel richtig ging und es also nur den Anschein habe, als weiche sie ab. Dem aufgeregten Schiffsvolk gegenüber half sich der Kapitän dadurch, dass er die Windrose unter der Nadel drehte, so dass diese selbst wieder ihren gewöhnlichen Stand einnahm. Dadurch wurden denn die Leute auch beruhigt, allein schon trat eine andere merkwürdige

La Pinta   La Santa Maria   La Niña

Die Schiffe des Kolumbus 2. Aug. 1492.

Erscheinung auf. Es zeigten sich große Flächen von sonderbarem Kraut, das in langen Streifen in der Richtung des Windes dahertrieb, so dass das Meer das Aussehen einer Wiese erhielt. Es waren bei genauerem Anschauen Büschel von kleinen Pflänzchen, die aus einem oder mehreren Ästen bestanden und längliche, scharf gezähnte Blättchen hatten. Noch heute sind diese Krautwiesen eine eigentümliche Erscheinung des Atlantischen Ozeans; man nennt diesen Teil das Sargassomeer. Wir wissen, dass diese Pflänzchen von Strömungen an den Küsten losgerissen und aufs hohe Meer hinausgetrieben werden, wo sie dann allmählich absterben und versinken. Die Indienfahrer freilich hielten das Kraut für gefährlich, sie glaubten, die Schiffe würden schließlich darin stecken bleiben; eine Befürchtung, die sich jedoch bald als unbegründet erwies.

Kaum hatte man sich über diese Gefahr beruhigt, als neue Beunruhigungen unter den Matrosen auftraten. Misstrauisch hatten sie schon lange beobachtet, dass der Wind immer aus derselben Richtung wehe; auch war das Meer so ruhig und glatt, wie ein stiller See, und so kamen sie auf den Gedanken, dass in diesen Gegenden überhaupt keine Luftströmung sich erheben würde, die ihre Schiffe nach Spanien zurücktreiben könnte. Da plötzlich erhoben sich Wellen, ohne dass ein Wind blies, so dass alle erstaunten, auch war am Tag vorher der Wind umgesprungen. Kolumbus aber schrieb in sein Tagebuch: „So wurde mir die hohe Flut sehr notwendig, wie den Juden, als sie durch das Rote Meer gezogen waren; denn es war große Gärung unter meinen Leuten".

Es ist in späterer Zeit oft erzählt worden, dass die Matrosen des Kolumbus eine Verschwörung angestiftet hätten. Sie seien eines Tages vor ihn hingetreten und hätten gebieterisch Rückkehr nach Spanien gefordert. Diese Geschichte beruht nicht auf Wahrheit. Gewiss hat der Entdecker oft mit ihrer Unzufriedenheit zu kämpfen gehabt, weil sich so lange kein Land zeigte, gewiss ist es, dass sie bei merkwürdigen bis dahin nie beobachteten Erscheinungen sofort den Mut verloren, weil sie eben das Neue sich nicht erklären konnten und in ihrem Aberglauben Schlimmes befürchteten. Aber zu einer Meuterei ist es nicht gekommen; es gelang Kolumbus stets, sie wieder zu beruhigen und zur Fortsetzung der Fahrt zu ermuntern.

Die Hauptaufmerksamkeit aller aber, vom Kapitän herab bis zum Schiffsjungen, war natürlich auf das Erscheinen von Land gerichtet. Wann werden wir endlich wieder festen Boden unter den Füßen haben? Das war die Frage, die von Tag zu Tag dringender wurde. Denn von allen diesen Schiffern hatte noch keiner so ununterbrochen auf dem schwankenden Schiff gestanden, die Schifffahrt jener Zeit hielt sich immer in der Nähe des Landes und ihre Ziele waren nicht so weit. Außerdem stachelte noch ein anderer Grund zu fleißigem Auslugen an. Die Königin hatte dem, der zuerst die neuen Küsten gesehen haben würde, eine Rente von 10000 Maravedis (257 M) zugesichert, und Kolumbus fügte dem noch ein seidenes Wams hinzu. So wurde denn jeder Vogel – es kamen zu verschiedenen Zeiten Alkatraz, eine Art von Seevögeln, auf die Schiffe, um auszuruhen – als Verkündiger nahen Landes angesehen. Man wusste damals noch nicht, dass diese gefiederten Meeresbewohner sich oft sehr weit vom Land entfernten.

Am 18. galt ein dunkler Horizont, am 19. ein Nebel ohne Wind als Zeichen nahen Landes; aber beide Male musste man einsehen, dass man sich getäuscht habe. Kolumbus war mit Alonso Pinzon der Meinung, dass sie wohl an der Insel Antilia, die auf Toscanellis Karte ungefähr in der Mitte des Weges liegen sollte, vorbeigesegelt seien. Sie zu suchen, wollten sie sich nicht aufhalten, sondern lieber geradewegs nach Indien fahren; auf dem Rückweg sei dazu eher Zeit, meinte Kolumbus, jetzt aber jede Minute kostbar. Am 25. September rief Alonso Pinzon, der in den Mastkorb gestiegen war, mit Bewegungen der höchsten Freude: „Gute Botschaft! Gute Botschaft!" und forderte Kolumbus auf, seine Freude zu teilen, er sehe Land. Als der Admiral ihn mit bestätigendem Ton seine Nachricht wiederholen hörte, fiel er auf seine Knie, um den Herrn zu danken. Martin Alonso sang mit der ganzen Mannschaft das Gloria in exelsis Deo (Ehre sei Gott in der Höhe!). Die des Admirals taten ebenso, die Leute der „Niña" stiegen in den Mastkorb und das Takelwerk und alle versicherten, man sehe Land.

Der Admiral glaubte es schließlich auch, gab Befehl, den eingeschlagenen Weg zu verlassen und die Richtung nach Südwest einzuschlagen, wo man das Land hatte erscheinen sehen.

Es war wieder eine Täuschung; was man für Land gehalten hatte, war der Himmel und so blieb denn nichts anderes übrig, als weiter nach Westen zu fahren. Das Meer war glatt wie ein Fluss, so dass viele Matrosen ins Meer sprangen, um sich mit Baden und Schwimmen zu vergnügen, andere suchten fliegende Fische zu fangen, die in großer Anzahl bis auf die Schiffe geflogen kamen. Indessen wurden doch die Anzeichen von Land täglich häufiger. Landvögel erschienen; in dem schimmernden Kraut fand man kleine Krebse. Da die Vögel aus Südwest kamen, so riet Pinzon, mehr nach dieser Richtung zu steuern; die Portugiesen hätten auch ihre Inseln meist dadurch entdeckt, dass sie dahin steuerten, woher Vögel kamen.

Eine allgemeine Ungeduld bemächtigte sich aller, es war, als ahne man die Nähe des Landes; die Schiffe stellten förmlich einen Wettlauf an, jedes wollte vor dem anderen Land sehen, denn alle wünschten die Belohnungen zu erlangen. Beim Aufgang der Sonne, am 7. Oktober, errichtete die „Niña", welche als guter Segler den beiden anderen voraus war, im Mastkorb ein Zelt und gab von dort aus einen Schuss ab, zum Zeichen, dass man Land sehe. Der Abend nahte, die Mannschaft sah das Land noch nicht, das sie gemeldet hatten. Wohl aber flogen Schwärme von Vögeln über die Schiffe hin, Krähen, Enten, Fischraben.

Wieder vergingen drei lange Tage. Am 11. Oktober war das Meer bewegter, als es auf der Reise je gewesen. Man sah eine Art Sturmvögel und ganz nahe beim Schiff des Admirals ein grünes Rohr. Die Mannschaft der „Pinta" erblickte einen Stock, der mit Eisen beschlagen zu sein schien, auch kam Gras, wie es nur auf dem Land wächst, und ein kleines Brett sowie ein Zweig mit Dornen und kleinen roten Früchten.

Abends 10 Uhr stieg der Admiral in den Mastkorb und sah von dort ein Licht, aber inmitten einer so bunten Masse, dass er nicht sicher war, ob er Land vor sich habe. Er stieg herab und rief Pedro Cutierrez, den Rechner des Königs, der das Licht auch sah, während Sanchez, den Kolumbus noch herbeirief nichts bemerkte. Man sah das Licht noch ein- oder zweimal. Es war gleich einer Kerze, deren Schein bald zu, bald abnahm. Für wenige wäre diese Erscheinung ein Zeichen der Nähe des Landes gewesen, aber der Admiral betrachtete es als ganz gewiss. Er teilte seine Beobachtungen den Matrosen mit und hieß sie genau aufzupassen. Da die „Pinta" der beste Segler war und dem Admiralschiff voraus kam, sah man von dort aus zuerst das Land und gab die verabredeten Zeichen; ein Matrose, Rodrigo de Triana, war der erste, der Land sah. Leider hat er später die 10000 Maravedis nicht bekommen, da Kolumbus behauptete, er habe zuerst das Licht und somit das Land gesehen, und sich daher diese Summe selbst auszahlen ließ.

Endlich zwei Stunden nach Mitternacht sah man einen flachen sandigen Strand im Mondschein leuchten; man hatte sich bereits bis auf zwei Stunden genähert. Kolumbus ließ alle Segel bis auf ein großes einziehen, um nicht auf Untiefen getrieben zu werden, und erwartete mit steigender Ungeduld den Anbruch des Morgens. Er hatte nach seiner Rechnung 1125 spanische Meilen zurückgelegt und sah auf der Karte, dass dies die 100 Abschnitte waren, die nach Toscanellis Berechnung Lissabon von Zipangu (Japan) trennten. Die aufgehende Sonne musste ihm also dieses Land oder eine der davor liegenden Inseln enthüllen.

Als am 12. Oktober 1492 – wieder an einem Freitag – die Sonne aufging, sah man in ihrem Glanz eine anmutige Insel vor sich liegen, ein schönes grünes, mit Wäldern bewachsenes Land. Mit weit aufgerissenen Augen starrte das Schiffsvolk die neue Welt an, die noch keines Europäers Blick in

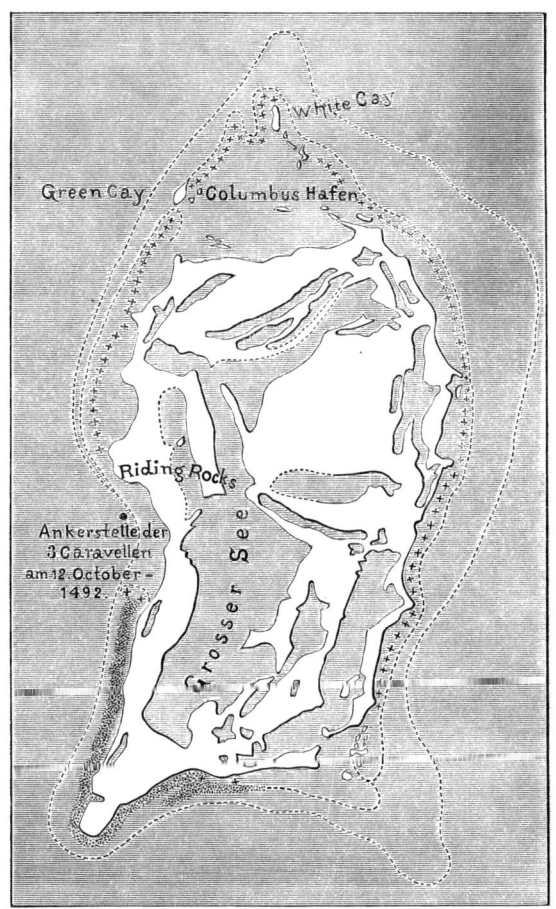

Karte der Insel Guanahani oder San Salvador, jetzt Watling Island genannt.
Entworfen von Rudolf Cronau.

ihrer Schönheit bewundert hatten. Kolumbus aber befahl, Boote auszusetzen und fuhr mit seinen vornehmsten Reisegefährten an Land. Er trug das königliche Banner, die beiden anderen Kapitäne entfalteten weiße Fahnen mit grünem Kreuz und den Buchstaben F und I (Ferdinand und Isabella). Am Ufer angekommen, sprang er, den Degen in der Hand, aus dem Boot und betrat als erster die Neue Welt. Alle seine Gefährten knieten nieder, küssten in starrer, sprachloser Entzückung das heiß ersehnte Land und gelobten dem nunmehrigen Vizekönig unverbrüderlichen Gehorsam. Nach diesem ersten Ausbruch innigster Freude wurde ein Kreuz aufgepflanzt.

Vor diesem Sinnbild warf sich die gesamte Schar auf die Knie, um Gott zu danken. Dann nahmen sie unter großen Feierlichkeiten und den damals üblichen umständlichen Zeremonien im Namen des Königs und der Königin von Spanien Besitz von dem neuen Land, und Kolumbus taufte es S a n S a l v a d o r , dem Erlöser zu Ehren. Dies alles, die weißen Männer, ihre bärtigen Gesichter, ihre prächtige Kleidung und glänzenden Waffen schauten die Eingeborenen der Insel in sprachlosem Erstaunen an. Das Gleiche taten, wenn auch nicht in solcher Verblüffung, natürlich die Spanier, denen ja die braunen Menschen ebenso fremdartig vorkamen. Besonders Kolumbus beobachtete sie eingehend. Er schreibt darüber in seinem Tagebuch: „Ich erkannte, dass es Leute seien, welche sich uns leichter hingeben und eher durch Sanftmut und Überredung, als durch Gewalt zu unserem heiligen Glauben sich bekehren lassen werden und gab darum einigen von ihnen farbige Mützen und Glasperlen, welche sie um den Hals legten, und viele andere wertlose Dinge, welche ihnen große Freude machten und uns ihre Freundschaft wunderbar schnell erwarben. Sie kamen darauf an unsere Schiffe geschwommen, brachten Papageien, Garnknäuel, hölzerne Lanzen und viele andere Dinge, die sie gegen das austauschten, was wir ihnen gaben, wie Glasperlen und kleine Klingeln. Sie nahmen, was man ihnen gab und gaben, was sie hatten, sehr gerne, aber es schien uns, dass sie in jeder Beziehung arme Leute seien. Männer und Frauen gehen ganz nackt; ihre Füße sind gerade, ihre Körper wohlgeformt, sie haben schöne Angesichte. Ihre Haare waren beinahe so stark wie Rosshaar und fallen gerade herab, vorn bis auf die Augenbrauen. Sie haben alle sehr breite Köpfe und Stirnen, ihre Augen sind schön und keineswegs klein. Ihre Farbe ist mehr schwarz, nicht weiß; aber viele bemalen sich weiß, andere rot, wieder andere mit der nächsten besten Farbe. Einige bemalen sich das ganze Gesicht, andere den ganzen Körper, einige nur die Augen und wieder andere nur die Nase. Sie tragen keine Waffen und kennen auch keine, denn ich zeigte ihnen einen Säbel, und sie griffen ihn so ungeschickt an der Schneide an, dass sie sich schnitten. Ich sah bei manchen vernarbte Wunden und fragte durch Zeichen, woher dieselben kommen; sie gaben wir zu verstehen, dass oft Heere von den benachbarten Inseln kommen und sie gefangen nehmen. Ich bemerkte, dass einige der Eingeborenen kleine Stückchen Gold in der Nase tragen, und es gelang mir, durch Zeichen zu erfahren, dass, wenn ich ihre Insel umschiffe und nach Süden steuere, ich ein Land finden werde, dessen König große goldene Gefäße und eine große Menge Gold besäße. Ich versuchte sie zu veranlassen, mit mir nach diesem Land zu fahren, begriff aber bald, dass sie nicht wollen. Das Gold,

Altertümer aus Guanahani und Española.

das sie in der Nase tragen, findet sich sicherlich auch auf der Insel, aber ich lasse nicht danach suchen, um keine Zeit zu verlieren, denn ich will sehen, dass ich Zipangu (Japan) finde."

Die Antillen zur Zeit des Kolumbus

In Wirklichkeit befand sich Kolumbus an einer der Inseln, die unsere heutigen Karten unter dem Namen Bahamas zusammenfassen, die sich wie eine lange Kette von der Halbinsel Florida bis zur Insel Haiti hinzieht und zusammen mit den großen und kleinen Antillen die Gruppe der Westindischen Inseln bilden.

Zu den Bahamainseln gehören zwölf größere und etwa 600 kleinere Eilande nebst tausenden von Klippen und Riffen; sie bedecken eine Strecke von 150 deutschen Meilen und würden, wenn man sie zusammensetzte, etwa einen Raum so groß wie das Königreich Sachsen einnehmen. Sie sind Korallenbauten. Also das Werk jener winzigen Tiere, die zu Millionen beieinander wohnen und in unendlich langen Zeiträumen von einer unter Wasser befindlichen Sandbank beginnend gleichsam Stockwerk auf Stockwerk errichten. Das Meer treibt dann Sand und Schlamm an, die Vögel tragen Sämereien hin, und es bildet sich so eine Insel aus dem kahlen öden Korallenriff.

Welche von den zwölf größeren Inseln Kolumbus eigentlich zuerst betreten hat, wissen wir heute nicht mehr sicher anzugeben, da der Entdecker sich auf astronomische Berechnungen infolge seiner geringen mathematischen Kenntnisse nicht verstand und also keine genaue Breitenbestimmung gegeben hat. So wurde auch, da sie weder Gold noch Silber lieferte, von den Spaniern sehr bald vernachlässigt, sogar der Name geriet in Vergessenheit, erst viele Jahre später begann man sie wieder zu suchen. Nach allem, was wir wissen, ist es wahrscheinlich, dass das San Salvador des Kolumbus das heutige Watling-Island ist; auf diese Insel passt auch die Beschreibung, die der Entdecker von ihr gegeben hat und worin er sagt, San Salvador sei ein großes flaches Eiland mit schönen grünen Bäumen, wohl bewässert mit einer sehr großen Lagune in der Mitte, rings umgeben von einem großen Riff von Klippen.

Als die Spanier die Bahama- und später die benachbarten Antilleninseln zum ersten Mal besuchten, da hatte alles den Anschein, als führten hier in einer paradiesisch schönen Natur glückliche, zufriedene Menschen ohne Gesetz, ohne Herrscher, unbekannt mit dem Fluch des Goldes ein ewig friedliches heiteres Leben. Aber es schien eben nur so. In Wahrheit tobte auch hier der Kampf ums Dasein, ein Vernichtungskampf zwischen zwei verwandten Völkerschaften, und schon war die eine nahe daran, in diesem Ringen zu unterliegen.

Das Festland von Amerika ist seit Urzeiten von zahlreichen Indianerstämmen bevölkert, die sich nach Sprache, Sitten und Kultur in verschiedene Gruppen unterschieden. Eine von diesen Gruppen, die so genannten A r u a k völker, hatten, von den nördlichen Nebenflüssen des Amazonas kommend, die Antillen und von hier aus die Bahamainseln bevölkert, die vor ihrer Ankunft von mehreren Indianerstämmen, die unter dem Namen Cibuneys zusammengefasst werden, nur spärlich bewohnt waren.

Hütte der Eingeborenen auf Hispaniola.

Als diese Aruaks von Südamerika kamen, zeigten sie sich als rohe und wilde Menschen, einige Stämme huldigten sogar der Menschenfresserei. Nachdem aber ihre neuen Wohnsitze auf so friedlichem, von der Natur reich begünstigtem Boden begründet worden waren, wandelte sich dieser Geist der Wildheit in friedliche Gesinnung um. Fern von feindlichen Kriegerstämmen, reich an Vögeln und Fischen, gänzlich ohne Raubtiere, waren die Inseln geeignet, die Ankömmlinge sesshaft und friedlich zu machen.

Auch die Aruaks gliederten sich in eine Anzahl von Stämmen, die sich in verschiedener Weise entwickelten. Manche brachten es weit, manche blieben auf einer sehr niedrigen Stufe der Kultur stehen. Alle aber zeigten dasselbe gutmütige Wesen, waren von schönem Wuchs, jedoch ziemlich schwach und unfähig, Schmerz und Anstrengungen zu ertragen. Das hing vielleicht mit ihrer bescheidenen Lebensweise zusammen; sie waren mäßig im Essen, eine Krabbe und ein paar Wurzeln genügten für den ganzen Tag. Bei so geringer Nahrung wirkte der Tabaksgenuss, dem sie mit großer Leidenschaft frönten, noch mehr schwächend. In ihren Hängematten liegend, rauchten sie aus Pfeifen, die sie tabaco nannten, den Tabak, der mit dem Namen coita bezeichnet wurde. Auch versammelten sie sich oft im Kreis und betäubten sich mit dem Rauch des Tabaks. Auf einige halb verkohlte Äste streuten sie dann die noch nicht völlig getrockneten Blätter der Tabakspflanze und atmeten den Qualm ein, bis sie betäubt zu Boden fielen.

Boot der Eingeborenen.

So verbrachten sie ein untätiges Leben, nur die bitterste Not veranlasste sie, etwas zu tun. Gern berauschten sie sich auch mit Wein, den sie auf eine sonderbare unserem Geschmack wenig zusagende Weise bereiteten. Sie kauten nämlich den Mais und spuckten ihn in ein Gefäß, worin die zermalmten Körner dann gekocht wurden.

Kolumbus sah in seiner Begeisterung wohl nicht mit kritischen Augen, wenn er die Indianer als hübsch schildert; ihre Erscheinung mag in Wirklichkeit nicht sehr einladend gewesen sein. Denn genauer besehen, zeigten sie grobe Züge, eine flache Stirn und sehr hervortretende Kiefern, und das freundliche Lächeln, das nie von ihren Zügen verschwand, gab dem Antlitz den Stempel der Blödheit. Ihre weit aufstehenden Nasenlöcher, schmutzigen Zähne, das schlecht gereinigte Kopfhaar, sowie die starke Ausdünstung, die man bei allen wilden Völkern antrifft, haben später auch die Spanier in ihren begeisterten Beschreibungen dieser Menschen etwas ernüchtert. Sie führten ein wenig beneidenswertes Dasein in ewiger Armut, nicht einmal Kleider besaßen sie; ihre Toilette bestand in Bemalung des Körpers; die einen bemalten sich schwarz, die anderen weiß oder rot und das in so sonderbarer Weise, dass man, wie Kolumbus sagt, „das Lachen nicht unterdrücken kann. Ihren Kopf rasieren sie an verschiedenen Orten, dann lassen sie wieder Haarbüschel stehen – es ist unmöglich, ihre Frisuren zu beschreiben; nur soviel lässt sich sagen, dass, was man in Spanien auf den Kopf eines Wahnsinnigen zusammenhäufen könnte, man hier auf den Köpfen der Vornehmsten als höchsten Schmuck sieht." Einige Stämme, die in der Kultur etwas weiter fortgeschritten waren, trieben auf sehr einfache Art den Ackerbau. Sie reinigten den Boden von Buschwerk, indem sie dies verbrannten. Dann wurde Mais in die Asche gestreut. Knaben wurden dann als Wachen aufgestellt, um die gefräßigen Papageien von der Saat zu verscheuchen, die

Götzenbilder (Zemes).

in dem milden Klima hundertfältig Frucht trug. Ihre Hauptnahrung aber lieferte ein Knollengewächs, die Mandioka, deren Wurzeln in frischem Zustand ein tödliches Gift, die Blausäure, enthalten. Aber schon lange hatten, wahrscheinlich durch einen Zufall, die Aruak die Entdeckung gemacht, dass diese giftigen Eigenschaften verschwinden, wenn man den Saft auspresst. Man baute daher diese Pflanze in runden Beeten, wo die Wurzeln oft die Größe eines Schenkels erreichen. Getrocknet und zerrieben lieferte das Gewächs dann ein feines Mehl, das über dem Feuer in dünnen Scheiben geröstet wurde. Dieses Kassababrot, wie man es nannte, war sehr schmackhaft; freilich erst dann, als die europäische Backkunst einige Verbesserungen angewandt hatte; denn das Brot der Eingeborenen knirschte unter den Zähnen, wie die Spanier versichern. Wahrscheinlich waren außer dem Mehl noch andere unverdauliche Bestandteile darin enthalten.

Außerdem genossen die Indianer Bataten, die Beeren des spanischen Pfeffers und Kürbisse, aus deren Schalen sie allerhand Gefäße fertigten.

Fleischnahrung konnten sich nur die Vornehmen leisten. Denn es gab merkwürdigerweise auf den Inseln außer Vögeln nur fünf Arten kleiner vierfüßiger Tiere. Am häufigsten beobachteten die Spanier ein Tier, das halb wie ein Kaninchen, halb wie eine Ratte aussah, ferner eine Art kleiner Hündchen, die aber nicht bellen konnten. Sie wurden gemästet und als Leckerbissen verspeist; als solcher galt auch die Yuana, eine 4-5 Fuß lange Eidechse. Auf einigen Inseln baute man auch sehr schöne Hütten, indem man in kleinen Zwischenräumen Stangen in die Erde steckte, die durch Rohrwände verbunden wurden. Die Spitzen der Stangen wurden an einen Mittelpfosten zusammengebunden und das Dach mit Palmblättern gedeckt.

Götzenbilder (Zemes).

Größere Bauten auszuführen, war ihnen wegen ihrer ärmlichen Werkzeuge unmöglich. Amerika befand sich damals im Steinzeitalter; Äxte und Messer bestanden aus Stein oder Muschelschalen, das Eisen war gänzlich unbekannt. Dennoch verfertigten einige geschickte und intelligente Völkerschaften mit diesen trostlosen Werkzeugen Götzenbilder, Zierraten, Sessel, höhlten sie Bäume zu Kähnen aus. Diese Kähne, Pirogen genannt, kippten freilich sehr leicht um; in solchem Fall schwammen dann die Eingeborenen nebenher und schöpften das Wasser mit Kürbisschalen aus.

Als Waffen verwandten Sie Stecken, deren Spitze im Feuer gehärtet und bei den nackten Völkern scharf genug war, selbst tödliche Wunden beizubringen. Aus dem Sand ihrer Flüsse lasen sie mit den Fingern die kleinen Goldkörnchen heraus, schmolzen sie ein und fertigten rohe Bildwerke heraus; einige Stämme verstanden sich auch auf die Anfertigung von recht hübschen Töpferwaren, die sie mit Figuren und allerhand Bemalung schmückten.

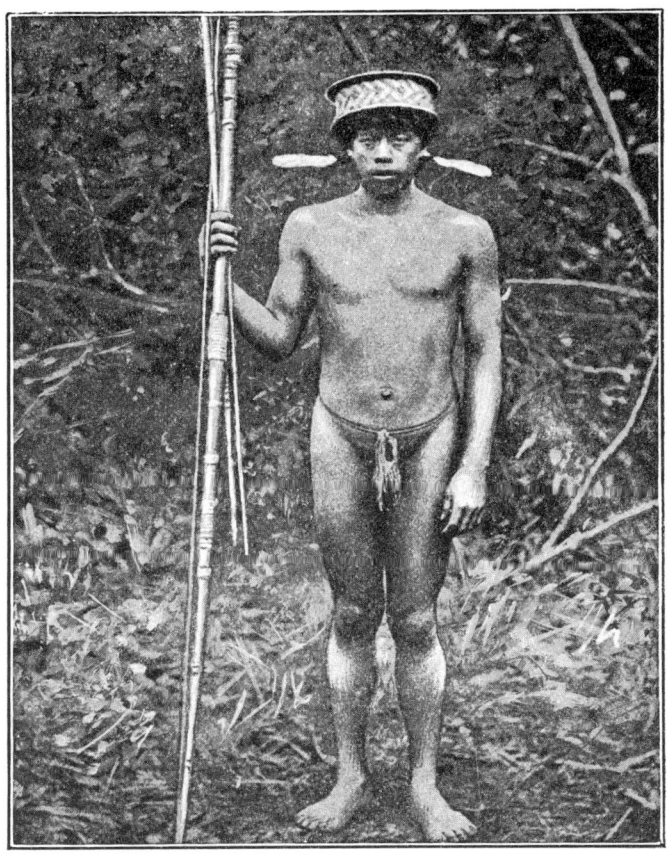

Bakairi als Typus eines Kariben.
Nach: von den Steinen „Unter den Naturvölkern Zentral-Brasiliens".

Da ihnen also gute Jagdwaffen fehlten, so mussten sie die Tiere mehr durch Schlauheit zu überlisten suchen. Das gelang ihnen vortrefflich z.B. beim Papageienfang, auf den sich die Knaben von Kuba besonders verstanden. Sie stiegen nämlich als Strohpuppen verkleidet mit einem Papagei auf einen Baum und banden den Vogel oben im Wipfel fest. Nun prügelten sie ihn, bis er zu schreien begann und durch dieses Geschrei seine Gevattern herbeilockte. Dann warf der Knabe mit großem Geschick Schlingen nach diesen schreienden Vögeln, drehte ihnen den Kopf ab und warf den zappelnden Körper hinab, wo ein anderer Knabe sie sammelte. So wurden die bunten Vögel zu Tausenden gefangen. Enten jagten sie auf dem Wasser, indem sie, einen hohlen Kürbis auf dem Kopf, langsam unter die ahnungslosen Vögel hineinschwammen und sie an den Beinen unter das Wasser zogen, wo sie ihnen den Kopf abdrehten, um dann den Körper am Gürtel zu befestigen.

Abgesehen von diesen Äußerungen der Schlauheit, die sie wohl mehr den Tieren abgelauscht, als selbst ersonnen hatten, waren ihre geistigen Fähigkeiten außerordentlich gering. Sie konnten nur bis zehn zählen, einige Stämme sogar nur bis vier, um größere Zahlen auszudrücken, nahmen sie die gleiche Zahl Maiskörner in die Hand. So machten es besonders in den späteren Kriegen mit den Spaniern die Kundschafter. Irgendwelche staatlichen Einrichtungen gab es nicht. Das Volk schied sich nach dem Besitz in die natürlichen Klassen von vornehm und gering, als Oberhaupt fand sich gewöhnlich ein so genannter Kazike, der im Verein mit einigen anderen Vornehmen hauptsächlich durch seinen Reichtum herrschte. Besondere Macht verlieh ihm der Glaube seiner Untertanen, dass er mit dem Gott des betreffenden Dorfes – denn jedes Dorf besaß einen besonderen Gott – in Verbindung stehe. Diese Götzenbilder oder Zemes waren aus Holz geschnitzt oder in Stein gehauen, oft gleich in die Wände von Höhlen gemeißelt; man vermutete, dass sie dort wohnen. Höhlen spielen überhaupt in der Religion der Indianer eine große Rolle. Die Götzenbilder mancher Dörfer standen in dem Ruf besonderer Macht, und um sich derselben teilhaftig zu machen, kam es wohl vor, dass ein Zemes gestohlen wurde, um seinen Dienst in der neuen Wohnung zu tun. Dem Kaziken, sagten die Priester, offenbarte er die Zukunft; ihm verkündigte er, wenn er zornig gesinnt war. Dann begab sich der Kazike zu der heiligen Höhle, wo die Gottheit nach dem Glauben der Indianer wohnte. Hier setzte er sich nieder und trommelte weithin schallend auf einem ausgehöhlten Baumstamm, so dass alles Volk erschreckt zusammenlief. Ihnen verkündigte er dann den Spruch des Gottes, den sie zitternd vernahmen und ohne Zögern ausführten. Durch allerlei Zauberspuk wurden die ohnehin furchtsamen Eingeborenen noch mehr eingeschüchtert, so z.B. durch den Glauben, dass die Geister der Abgeschiedenen bei Nacht die Lebendigen heimsuchen. Infolgedessen wagten sie sich nicht bei Nacht in die Dunkelheit hinaus; wie Kinder ängstigten sie sich vor Gespenstern, denen sie hier begegnen könnten.

Solche Menschen ließen sich natürlich leicht regieren. Zu strafen gab es nicht viel, da selbst der Diebstahl fast unbekannt war.

Verließ einer seine Hütte, so genügte es, einen Strohhalm quer vor den Eingang zu legen; niemand wagte, dieses Siegel zu verletzen und ein Stück aus der Hütte zu entwenden. Kam es doch einmal vor, so wurde der Dieb bei lebendigem Leib gepfählt; durch diese harte Strafe, von der es keine Begnadigung gab, ereichte man eben die unbedingte Sicherheit des Eigentums.

Karibendorf.

Vor Kriegszügen versammelten sich die Männer auf einem freien Platz und verkündeten mit lauter Stimme die Taten, die sie ausführen wollten; dann wurde der Feind auf Schleichwegen ausgesucht und möglichst hinterrücks überfallen. Der Sieg wurde durch Tänze, Waffenspiele und Schmausereien gefeiert, bei denen, wie schon gesagt, einige Stämme auch die gefangenen Feinde verzehrten.

Diese barbarische Sitte fand sich besonders bei dem Stamm, vor dem eben damals die friedlichen Aruakvölker Schritt für Schritt zurückwichen; bei den Karaiben oder K a r i b e n . Dieser Stamm ragte unter allen Völkerschaften der Indianer besonders hervor, von der Natur in jeder Beziehung bevorzugt. Die Kariben waren groß und außerordentlich kräftig gebaut, unternehmend, kraftvoll und von unbezähmbarer Tapferkeit. Krieg war ihr eigentliches Element, und sie betrieben ihn mit solcher Grausamkeit und Wildheit, dass sie von allen Stämmen gefürchtet wurden. Ein karibischer Kriegszug bedeutete die Vernichtung des Dorfes, gegen das er gerichtet war. Wie einst die Normannen in Europa, so erschienen diese furchtlosen Wasserpiraten mit ihren Kanus, die sie mit einem Baumwollsegel geschickt zu steuern verstanden, bald hier, bald da, bald auf den Inseln, bald an den Küsten Südamerikas, mordeten und brannten, und verschwanden ebenso schnell, wie sie gekommen. Durch häufige Wiederkehr entvölkerten sie bald die Inseln, die sie dann für sich in Besitz nahmen. Gewöhnlich ließen sie die Weiber des besiegten Stammes am Leben, um sie als Sklavinnen zu benutzen. Denn die karibischen Frauen zogen wohl selbst mit in den Krieg, da auch sie erstaunliche Körperkraft besaßen und mit besonderem Geschick vergiftete Pfeile aus Blasrohren zu schießen wussten. Wie ihre Männer ließen sie das Haar lang wachsen und bemalten sich die Gegend um das Auge mit schwarzer Farbe, was ihren Gesichtern einen wilden Ausdruck gab. Um sich von ihren Sklavinnen zu unterscheiden, schnürten sie sich unter dem Knie und über dem Knöchel fest mit Bändern, so dass die Waden künstlich aufschwollen. Dies hielten sie für einen besonderen Reiz ihres Körpers, und obwohl sie bei nasser Witterung, wo die Bänder sich infolge der Feuchtigkeit zusammenzogen, solche Schmerzen ausstehen mussten, dass ihnen die Tränen in die Augen traten, so waren sie doch nicht zu bewegen, die Sitte aufzugeben.

Nicht nur körperlich, auch geistig waren die Kariben ein hochbegabtes Volk. Anfangs auf einer niedrigen Kulturstufe stehend, eigneten sie sich die Kulturen der Aruaks in kurzer Zeit an und übertrafen bald ihre Lehrmeister, so dass sie zur Zeit des Kolumbus als die Überlegenen erschienen. Leider hatten sie aber auch mit fortschreitender Entwicklung die grässliche Sitte der Menschenfresserei nicht abgelegt. Darin zeigte sich eben ihre unbändige Wildheit. Nicht aus Hunger verzehrten sie das Fleisch der Gefangenen; denn die Natur ihrer Wohnsitze gewährte ihnen reichliche Nahrung. Es war der Zorn des Kriegers, der Triumph des Überlegenen im Kampf, der die Schmausereien veranlasste; der Sieg über die Feinde musste bei einem Mahl gefeiert werden, bei dem man den Sieg gleichsam dadurch vollständig machte, dass man den Besiegten verzehrte. Lange vorher wurden daher die Gefangenen erst mit guten Speisen gefüttert und gemästet. Dann führte man sie zum Schauplatz des Mahles, wo sie unter feierlichen Tänzen den Todesstreich empfingen. Hierauf wurde der Leichnam in bestimmt vorgeschriebener Weise zerlegt und die einzelnen Glieder unter die Genossen verteilt. Selbst Weiber und Kranke erhielten ihren Anteil von dem im Feuer gerösteten Menschenfleisch. Bekanntlich besteht diese widerwärtige Sitte heute noch, und man fasst alle menschenfressenden Stämme unter dem Namen Kannibalen zusammen. Diesen Namen haben auch die Spanier aufgebracht. Sie verstanden nämlich statt Karib – Kanib und unterschieden infolgedessen nicht Kariben und andere Eingeborene, sondern Kannibalen und Indios. Diese letztere Bezeichnung entsprang dem Glauben der Spanier, dass sie in Indien angekommen seien, wo es ja nach der Meinung der damaligen Geographen braune Menschen geben sollte.

Die Kannibalen oder richtiger Kariben also waren zur Zeit der Spanier ungefähr seit 1400, in stetigem Vorrücken begriffen. Zu ihrem Vernichtungskampf gegen die anderen Eingeborenen waren sie schon bis Puerto Rico siegreich vorgedrungen, und sie würden im Laufe der Zeit ihre Stammesverwandten gänzlich ausgerottet haben, wenn nicht im Jahre 1492 zum ersten Mal ein unendlich viel höher entwickeltes Volk in den Spaniern ihnen gegenüber getreten wäre, das nun sie, die Kariben, mit Vernichtung bedrohte.

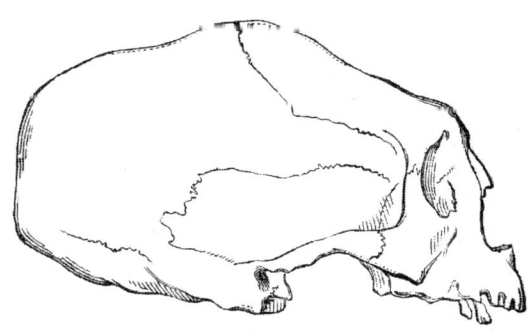

Karibenschädel.

Entdeckungsfahrten im westindischen Meer

Kehren wir nun zu den Spaniern zurück, die wir auf der Insel Guanahani – so nannten die Indianer ihre Insel – verlassen haben, wie sie voll Begeisterung über die Schönheit des lang ersehnten Landes die Insel durchzogen, fast bei jedem Schritt auf Neues, nie Gesehenes stoßend.

Kolumbus lichtete am 14. Oktober die Anker und begab sich auf die Suche nach Japan und dem Großkhan, an den er sein Empfehlungsschreiben abgeben wollte. Wo war der Weg durch das Gewirr von Inseln und Klippen zu diesen Ländern des Reichtums? Gold, viel Gold hatte er den spanischen Majestäten versprochen; der Gedanke, mit leeren Händen zurückkehren zu müssen, trieb ihn zu rastloser Reise an, so sehr ihn die Schönheit der Natur auch zum Bleiben einlud.

Er landete zuerst auf der kleinen Insel Rum-Kay, der er, Maria zu Ehren, den Namen M a r i a K o n z e p t i o n beilegte. Hier entflohen nachts die Indianer, die er von Guanahani mitgenommen hatte, um sie als Dolmetscher zu gebrauchen, und es war unmöglich, die Flüchtigen einzuholen. Auch als man am nächsten Tag eine Schar brauner Menschen sah, beobachtete Kolumbus zu seinem Leidwesen, dass sie wie Hühner vor dem Fuchs entflohen. Mit Mühe fing man endlich einen, den man mit Geschenken zu seinen Stammesgenossen sandte, nachdem er die nach Gold fragenden Spanier auf die nächste Insel gewiesen hatte. Allein auch hier fand sich das gesuchte Metall nicht, und wieder ging es zum nächsten Eiland, das die Eingeborenen Saomet nannten. Kolumbus taufte es „I s a b e l l a", wie er die vorige Insel Ferdinandina genannt hatte, zu Ehren der spanischen Majestäten. Die Insel Isabella war von entzückender Schönheit. Trotz des Spätherbstes war die Temperatur völlig gleichmäßig und sehr mild, die Luft balsamisch und erquickend, die Augen wurden nicht müde, das schöne Grün zu bestaunen. Große Seen und wunderbare Haine boten sich dem Blick dar, der Gesang der Vögel lockte, ewig zuzuhören, und Schwärme buntfarbiger Papageien verdunkelten die Sonne. Allein es fehlte, was die Spanier allein suchten, das Gold. Die Eingeborenen, die man mit viel Mühe ausfragte, nannten die Insel Kuba oder Kolba; Kolumbus deutete dieses Wort als Zipangu, und neue Hoffnung, diesem Land nahe zu sein, beseelte ihn. Am 28. Oktober landete er dort. Sein für die Schönheiten der Natur so empfängliches Gemüt war hingerissen von der überwältigenden Pracht der üppigen Vegetation. Die ganze Nacht hindurch lauschte er dem Gesang nächtlicher Vögel, dem Zirpen der Grillen, und als die Sonne am nächsten Morgen die taufrische Natur beschien, glaubte er im Übermaß seiner Freude Mastixbäume in den Wäldern, Perlenbänke in der See, Gold im Metallglanz der Flussbetten zu erblicken; immer mehr befestigte sich bei ihm die Meinung, dass er in dem Zauberland Indien sei.

Leider war die Verständigung mit den Eingeborenen so sehr schwer. Sie sagten immer Cuba-nacan und meinten damit, dass in der Mitte des Landes, das sie als Insel beschrieben, sich eine Stadt befindet. Pinzon verstand aber unter nacan Khan und meinte, man sei bereits, ohne es zu wissen, über Zipangu hinausgesegelt und in der Nähe der Residenz des Großkhans. Kolumbus, der auf seinen Karten keine ganz genauen Angaben über die Lage der Residenz fand, pflichtete dem bei und schickte eine Gesandtschaft ab, um den Khan aufzusuchen. Der eine von diesen beiden Legaten verstand etwas Arabisch, außerdem, da er ein Jude war, auch Hebräisch und Chaldäisch. Eine von diesen Sprachen, so meinte man, werde man am Hofe des Khans schon verstehen. Zum Überfluss ging auch noch ein indianischer Dolmetscher mit.

Nach drei Tagen schon kehrten die Gesandten zurück. „Wir fanden", erzählen sie, „das Land, durch das wir gekommen sind, überall fruchtbar und wohl bebaut mit indianischem Korn (Mais) und einer Wurzel, die geröstet wie Brot genossen wird (Mandioka). Endlich kamen wir an eine kleine Stadt, die aus ungefähr fünfzig hölzernen Häusern besteht und etwa tausend Einwohner zählte. Die Vornehmsten von ihnen kamen uns entgegen, und da ihnen schon von uns erzählt worden war, führten sie uns an den Armen feierlich in die Stadt ein und brachten uns in eine geräumige Wohnung. Hier mussten wir uns auf Stühle setzen, die wie verschiedene Tiere geschnitzt waren, so dass der Schwanz als Lehne diente. Die Augen und Ohren dieser Tiere waren aus Gold. Als wir uns gesetzt hatten, ließen sich die Indianer neben uns auf den Boden nieder, betasteten uns neugierig und küssten uns Hände und Füße. Alles, was an Lebensmitteln vorhanden war, wurde uns vorgesetzt; besonders gut mundeten uns die gerösteten Brotwurzeln, die den Geschmack von Kastanien hatten. Männer und Frauen erwiesen uns die höchsten Ehrenbezeugungen, und als wir gingen, baten uns wenigstens fünfzig von ihnen, mit uns in den Himmel reisen zu dürfen. Auf dem Rückweg durch die mit Wurzeln und spanischem Pfeffer bebauten Fluren gesellten sich noch mehr Neugierige zu uns, die gewisse Kräuter, in ein trockenes Blatt zusammengewickelt, in der Hand hatten und das eine Ende anzündeten, um aus dem anderen Ende, das wie eine Gabel geformt war und in die Nase gesteckt wurde, den Rauch einzuschlürfen. Diese kleinen Rollen nannten sie ‚tabacos'." - So erzählten die beiden Männer. Gold und andere Kostbarkeiten hatten sie wieder nicht gefunden. Weiter nach Südosten hatte man sie gewiesen, nach dem Wunderland B a b e q u e. Dorthin wollte Kolumbus fahren. Erst am 12. November jedoch stellte sich günstiger Wind ein, aber ehe Kolumbus die Anker lichtete, ließ er fünf arglose Eingeborene ergreifen und vom Land sieben Frauen entführen, weil ihm ein portugiesischer Sklavenjäger in Guinea erzählt hatte, dass die Wilden in Gesellschaft von Frauen viel weniger Heimweh hätten und viel fügsamer seien. Diese Gewalttätigkeit verschüchterte aber die Eingeborenen, die schon wieder Vertrauen gefasst hatten, aufs Neue, und sie flohen aus ihren Hütten, so oft sich die Schiffe dem Ufer wieder näherten. Man sah ringsumher Feuerzeichen und Rauchsäulen aufsteigen, um die Nachbardörfer vor den fremden Menschenräubern zu warnen.

Am 21. November hatte sich Martin Alonso Pinzon mit der „Pinta" in der Richtung gen Osten entfernt. Da Kolumbus argwöhnte, Pinzon suche die goldene Insel Babeque vor ihm zu erreichen, so gab er der „Pinta" Signale mit der Laterne am Mast; allein obgleich die Nacht klar und der Wind günstig blieb, war Martin Alonso doch am anderen Tag mit seinem Fahrzeug völlig verschwunden.

Kolumbus fuhr nun mit seinen beiden Schiffen an der Küste entlang nach der Ostspitze von Kuba, als am 5. Dezember zur Linken eine andere Küste auftauchte. Es war H a i t i. Als er dort landete, war er überrascht von der Ähnlichkeit der Landschaft mit Kastilien. Alles erinnerte daran: die immergrünen Eichen und Myrten, die Nachtigallen, die Fische, die man fing; Kolumbus nannte daher die Insel H i s p a n i o l a (Kleinspanien). Die Einwohner flüchteten in die Wälder, sobald ein Boot sich der Küste näherte; endlich gelang es drei Matrosen, die mutig in die Wälder vordrangen, um Bäume und Pflanzen zu erforschen, ein junges schönes Weib zu fangen. Sie wurde auf das Schiff gebracht, mit Kleidungsstücken, Glasperlen und Klingeln beschenkt und dann nach Hause begleitet. Das wirkte. Die Einwohner wurden zutraulich und empfingen die abgesandten Spanier mit großer Freundlichkeit. Ein Indianer erzählte überall, wohin sie kamen, die weißen Männer kämen nicht aus Kariba, sondern vom Himmel und brächten schöne Sachen mit. Dennoch blieben noch viele ängstlich und zitternd, bis sie sich von der Friedlichkeit der Ankömmlinge überzeugt hatten. Sie brachten alles herbei, was sie hatten, und führten die von den Spaniern beschenkte Frau im Triumphzug auf den Schultern einher. Auf die Frage nach Gold zeigten sie nach Süden, wohin Kolumbus nun unter Segel ging.

Landschaft von Haiti.

Am 18. Dezember landete er an einer anderen Bucht der Insel Hispaniola, und an diesem Tag machte der Kazike dieser Gegend, der von den weißen Wundermännern gehört haben mochte, seine Aufwartung. Gänzlich unbekleidet saß die indianische Majestät auf einem von vier Männern getragenen Sessel. Furchtlos kam er an Bord, und Kolumbus, der eben bei Tisch saß, lud ihn zum Speisen ein. Er setzte sich ehrerbietig an die Seite des Admirals und seine zwei Begleiter, die seine Räte zu sein schienen, lagerten sich zu seinen Füßen. Er benahm sich sehr majestätisch und gemessen, genoss von den vorgesetzten Speisen nur wenig und gab das andere seinen Begleitern. Alles was er sah, betrachtete er mit großer Aufmerksamkeit und äußerte über die ihm unbekannten Dinge große Verwunderung. Nachdem die Mahlzeit beendet war, schenkte er Kolumbus einige dünne Goldbleche und einen künstlich gearbeiteten Gürtel, wofür er eine Schnur Bernsteinkorallen, ein paar rote Pantoffeln, eine Bettdecke und eine Flasche Pomeranzenwasser erhielt. Gegen Abend ließ Kolumbus ihn mit großen Ehren unter Musketenschüssen ans Land gehen. Hier angekommen, bestieg er eine Sänfte, sein Söhnlein trug ein hochgestellter Indianer auf der Achsel, hinter ihm her kam das Gefolge; vor ihm her trug man feierlich die Geschenke, die der Kazike erhalten hatte.

Am anderen Tag kam der Bruder des Kaziken zu Besuch. Einer aus seinem Gefolge, ein alter Mann, versicherte, nicht weit von Hispaniola sei eine Insel, ganz voll Gold, und man nehme sich gar nicht die Mühe, sich danach zu bücken.

In den folgenden Tagen besuchten wohl Tausende von Indianern in Kähnen das Geschwader, Hunderte schwammen vom Land an die Schiffe, manche waren weit aus dem Innern gekommen, um die Fahrzeuge zu sehen. Eine Gesandtschaft, die Kolumbus zu dem Kaziken schickte, wurde auf einem großen viereckigen, eigens zubereiteten Platz feierlich empfangen und sehr ehrenvoll behandelt. Auf dem Rückweg stritten sich die Indianer wie Kinder, wer den weißen Männern die Geschenke, die sie vom Kaziken empfangen hatten, tragen sollte.

Die Sorge um das Gold, das sich auch auf Hispaniola nicht finden wollte, trieb Kolumbus weiter nach Westen. Die Flotte lief, von wenig Wind getrieben, ruhig dahin. Es war 11 Uhr abends, als der Admiral beschloss, sich ein wenig nieder zu legen; denn seit zwei Tagen und einer Nacht hatte er kein Auge zugetan. Da es ganz ruhig war, überließ sich der Schiffsmann, dem das Steuer anvertraut war, gleichfalls dem Schlaf und übergab das Steuer einem Schiffsjungen, obgleich das der Admiral streng verboten hatte. Niemand ahnte etwas Schlimmes. Plötzlich ergriff eine Strömung das Schiff und trieb es, ohne, dass der Schiffsjunge etwas merkte, nach einer der Sandbänke. Obgleich es Nacht war, sah man sie doch, auch hörte man die Brandung über eine Stunde weit. Der Schiffsjunge fühlte das Steuer plötzlich gehemmt und vernahm das Geräusch der Wogen, weshalb er anfing zu schreien. Darauf erhob sich der Admiral schnell, auch der pflichtvergessene Steuermann kam hinzu. Der Admiral gab Befehl, dass die Ladung des Hinterdecks ins Meer geworfen und ein Anker ausgelassen wurde. Die Mannschaft, statt diesem Befehl nachzukommen, ließ sich heimlich vom Schiff herab und suchte sich nach der „Niña" zu retten. Als der Admiral sah, dass seine Leute flohen, dass die Flut immer mehr stieg und das Schiff sich schon zur Seite neigte, blieb ihm kein anderes Mittel, als den großen Mast abzuhauen, um das Schiff zu erleichtern, er hoffte, es dadurch wieder flott zu machen. Allein es war vergeblich; die Planken lösten sich und da es Nacht war und die Sachlage sich nicht übersehen ließ, so ging Kolumbus auch an Bord des anderen Schiffes. Bei Tagesanbruch sandte er zu dem Kaziken, der ihn zu sich geladen hatte und ersuchte ihn um Hilfe. Der Kazike brach in Tränen aus, als er die Nachricht empfing und schickte alsbald seine Untertanen in großen Kähnen ab, um das Schiff zu entladen, was durch die Gewandtheit und den guten Willen der Indianer schnell vollzogen wurde. Der Kazike kam selbst mit seinen Brüdern und Verwandten, ermunterte zu rastloser Tätigkeit und wachte, dass nichts entwendet werde. Mit großer Umsicht ordnete er an, dass alles bei den Häusern niedergelegt werde und ließ die Schiffsladung dann von bewaffneten Männern bewachen. Nicht ein Nagel, so gesteht Kolumbus in seinem Tagebuch, ist damals abhanden gekommen.

Bei Tagesanbruch kam G u a k a n a g a r i , so hieß der Kazike, an Bord der „Niña" und bat den Admiral unter Tränen, sich nicht zu betrüben; er wolle ihm alles geben, was er habe, um ihn für den Verlust zu entschädigen. Zugleich kamen Indianer mit kleinen Stücken Goldes, um dafür Klingeln einzutauschen, über die sie ganz närrisch waren. Als der Kazike sah, wie Kolumbus sich über das Gold freute, versprach er ihm, einen Ort zu zeigen, wo er viel Gold finden könne. Er speiste mit dem Admiral an Bord der „Niña"; nach Beendigung des Mahles fuhren sie beide an Land. Hier bot der Kazike seinem Gast eine Mahlzeit und dann zeigte er dem Kolumbus seine Baumpflanzungen. Mehr als tausend Personen begleiteten ihn dabei, die sämtlich unbekleidet waren, während der Kazike ein Hemd und Handschuhe, beides Geschenke des Kolumbus, trug; die Handschuhe besonders schienen ihm außerordentlich wertvoll. Schließlich ließ Kolumbus einen Armbrustschützen seine Künste zeigen und eine Muskete abfeuern, worüber die Eingeborenen vor Schreck zu Boden fielen. Beim Abschied erhielt Kolumbus eine mit Gold verzierte Maske als Geschenk; auch die übrigen Spanier tauschten kleine Stücke Goldes ein.

Die Spanier ließen sich den Aufenthalt bei dem gastfreien Kaziken wohl gefallen, allein Kolumbus war von schweren Sorgen gepeinigt. Was sollte er beginnen? Weitere Fahrten auszuführen war unmöglich, da sein bestes Schiff dahin und Pinzon, wie es schien auf Nimmerwiedersehen verschwunden war. Das einzige noch übrige Schiff war klein und obendrein baufällig. Er entschloss sich also, seine Entdeckungsfahrt abzubrechen und trotz aller damit verbundenen Gefahren die Rückreise nach Spanien anzutreten. Der Rest seiner Mannschaft sollte in einer Niederlassung auf Hispaniola zurückbleiben. Freiwillige hierzu fanden sich genug, und Guakanagari hatte dagegen nichts einzuwenden; im Gegenteil, er schätzte sich glücklich, einige dieser himmlischen spanischen Fremdlinge zurückbehalten zu dürfen, denn die Wirkung der Feuer speienden spanischen Waffen hatte ihm gezeigt, welch willkommene Bundesgenossen die Spanier im Kampf gegen die Kariben sein würden. Er hatte Kolumbus von den Überfällen dieses räuberischen Volkes erzählt, und der Admiral ihm hilfreichen Beistand gegen sie versprochen.

In wenigen Tagen war eine kleine Festung mit Turm, Wall und Graben errichtet; sie erhielt den Namen N a v i d a d (Weihnachten). Vierzig Mann unter dem Oberbefehl Diego de Aranas blieben als Besatzung zurück. Kolumbus befahl ihnen, diesem Befehlshaber pünktlich zu gehorchen, und die Indianer rücksichtsvoll und schonend zu behandeln, damit die gute Meinung und die Freundschaft des Kaziken und seines Volkes erhalten bliebe. Zur Ausrüstung ließ er ihnen ein Boot, Waffen, Pulver, Kanonen und den Rest der Tauschwaren zurück; er selbst rüstete sich zur Heimkehr.

War ihm sein Schiffbruch erst als Unglück erschienen, so fasste er ihn jetzt als eine Fügung Gottes auf. Denn, schrieb er in sein Tagebuch, sonst hätte man dieses Land nicht so genau kennen gelernt, wie man es jetzt kennt. Es sei ohne Zweifel reich an Gold, und er sei sicher, bei seiner Rückkehr aus Kastilien eine Tonne Goldes vorzufinden, das die Zurückbleibenden leicht durch Tausch und Entdeckung von Minen zusammenbringen könnten. Ebensoviel Gewürze hoffe er dann zu erhalten, so dass der König und die Königin vor Ablauf von drei Jahren an die Eroberung Jerusalems denken könnten, wie er es vorher gesagt habe.

Rückkehr nach Spanien

Es war ein gefährliches Unternehmen, auf einem noch dazu von Bohrwürmern zerfressenen Fahrzeug die weite Reise nach Spanien anzutreten. Indessen war es zu weiteren Küstenfahrten erst recht nicht zu gebrauchen, überdies konnte Kolumbus den Gedanken nicht los werden, dass Alonso Pinzon ihm nach Spanien vorausgeeilt sei und ihm durch seinen Bericht den Ruhm der Entdeckung vorweg nehmen könnte.

Am 2. Januar begab er sich noch einmal an Land, um sich von Guakanagari zu verabschieden. Er schenkte ihm eines seiner Hemden und zeigte ihm die Gewalt der Armbrust und die Wirkung, die sie hervorbringe. Er ließ zu diesem Zweck eine solche laden und auf die Planken des gestrandeten Schiffes richten. Der Kazike sah dann, wie weit die Armbrust trage und wie der Stein das Brett durchschlug und dahinter ins Meer fiel. Der Admiral ließ von seinen bewaffneten Seeleuten auch ein Gefecht ausführen, um, wie er in seinem Tagebuch bemerkt, die Indianer einzuschüchtern.

Der Kazike äußerte tiefen Schmerz über die Abreise des Admirals, als dieser nach einem letzten Händedruck sich einschiffte. Einer der Hofherren des Kaziken vertraute dem Admiral, der Fürst habe ihm eine Statue, so groß wie der Admiral selbst, von lauterem Gold bestellt, die in zehn Tagen fertig sein werde. Allein auch dies konnte Kolumbus nicht halten; am 4. Januar mit Sonnenaufgang lichtete er die Anker.

Er fuhr zunächst an der Küste von Hispaniola hin und erreichte nach wenigen Stunden einen hohen Berg, der die Form eines sehr schönen Pavillons besaß und inselartig ins Meer vorsprang. Er erhielt den Namen M o n t e C h r i s t o . Beim Betreten des Landes fand man Feuer und andere Zeichen, dass Fischer hier wohnten.

Nachmittags blies der Wind gewaltig von Osten. Der Admiral schickte einen Mann in den Mastkorb, um wegen der Klippen Ausschau zu halten, und dieser erblickte die lange verschwundene „Pinta" mit vollen Segeln auf das Admiralschiff zukommen. Martin Alonso Pinzon kam an Bord der „Niña", und entschuldigte sich wegen seines Ausbleibens. Ungünstige Winde hätten ihn wider seinen Willen verschlagen. Kolumbus war nun zwar von der Unwahrheit dieser Angaben überzeugt, allein er hielt es für besser, lieber Nachsicht als Strenge anzuwenden, denn die Pinzonen hatte eine mächtige Partei auf den Schiffen, da die meisten Matrosen ihre Landsleute, etliche sogar ihre Verwandten waren. Pinzon erzählte, er habe das verlockende Eiland Babeque aufgesucht, das erhoffte Gold aber nicht gefunden. Er sei dann auf den Rat der Eingeborenen hin nach Hispaniola zurückgekehrt und an einer sehr günstigen Stelle gelandet; denn die Eingeborenen eröffneten sofort einen ergiebigen Tauschhandel, bei dem sie faustgroße Goldstufen gegen schlechte Nadelköpfe hingaben. Von diesem ganzen Gewinn hatte Pinzon die Hälfte an seine Mannschaft verteilt und das andere für sich behalten; Kolumbus ging also leer aus. Er hatte auch einen Ausflug in das Innere der Insel gemacht und war dabei in das Reich des Kaziken K a o - n a b o gekommen, wo sich die berühmten Goldminen von C i b a o befanden; auch Nachrichten über weiter südlich liegende Inseln und von gesitteten Bewohnern, die sogar gekleidet sein sollten, brachte er mit.

Kolumbus lag noch immer im Hafen von Monte Christo, da widrige Winde seine Ausfahrt hemmten. Bei seinen Ausflügen auf das Land hatte er einen Fluss entdeckt, in dessen Sand sich kleine Goldkörner in großer Menge befanden. Auch Schildkröten gab es in großer Anzahl, und am 9. Januar glaubte er gar Sirenen von ferne aus dem Meer auftauchen zu sehen, jene Wesen, von denen im Mittelalter so viel gefabelt wurde. Da es jedoch derartige Geschöpfe nicht gibt, so muss ihm wohl seine Phantasie einen Streich gespielt haben. Am 13. Januar trafen drei ausgesandte Männer einen Indianer, der größer und stärker war als die bisher gesehenen, sein Gesicht war schrecklich mit Kohle geschwärzt, sein Haar nach hinten zusammengeknüpft und mit Papageienfedern verziert. Es war, wie Kolumbus auch ganz richtig vermutete, ein Karibe. Er ließ sich anfangs in einen Tauschverkehr ein; doch als auch noch andere Spanier an Land fuhren, um die mächtigen Bogen und die langen Pfeile einzuhandeln, überfiel plötzlich eine Schar von Kariben die arglosen Spanier; einige zogen Stricke aus dem Gebüsch und wollten die Weißen an Bäume binden. Doch ehe dies noch gelang, versetzte einer der Spanier dem Indianer einen mächtigen Säbelhieb in beide Beine und verwundete einen anderen schwer an der Brust. Als die Indianer sahen, dass hier nichts zu gewinnen, wohl aber viel zu verlieren war, ergriffen sie eilig die Flucht. Gern wäre Kolumbus gelandet, denn er war überzeugt, leicht mit den Kariben fertig zu werden, allein die Schiffe ließen so viel Wasser ein, dass man, wenn überhaupt, schleunigst jetzt nach Spanien zurückkehren musste. Kolumbus, der die Bohrwürmer damals noch nicht kannte, machten für den schlechten Zustand seiner Schiffe die Schiffbauer in Palos verantwortlich, von denen er glaubte, dass sie geflissentlich schlechtes Holz genommen hätten, während in Wirklichkeit kleine Käfer

Der Monte Chrifto auf Haiti.

mit spitzem Rüssel das Holz durchstochen und ihre Eier hineingelegt hatten, so dass hunderttausende von Würmern, Larven, jener Käfer, die Fasern des Holzes durchwühlten.

So ununterbrochen glücklich die Seereise nach Westen gewesen war, so stürmisch und voller Hindernisse war die Heimreise; denn wer mit den täglichen Arbeiten fertig war, musste alsbald ans Wasserausschöpfen gehen, das kaum mehr zu bewältigen war. Der Hauptmast der „Pinta" war schwer beschädigt, so dass sie der „Niña" kaum zu folgen vermochte. Es wurde von Tag zu Tag kälter, und viel Zeit ging verloren mit dem Warten auf das zurückbleibende Schiff. Oft seufzte Kolumbus: Wenn Alonso so viel Sorgfalt darauf verwendet hätte, sein Schiff instand zu erhalten und für einen guten Mastbaum zu sorgen, wie er Sorge trug, sich von uns zu trennen und sein Schiff mit Gold zu füllen, so wäre alles gut. Bald stellte sich auch der beständige Wind ein, der ihnen bei der Hinreise so förderlich gewesen war, indem er die Schiffe nach Westen trieb; jetzt auf der Heimreise stand er ihnen aber umso hinderlicher entgegen. Dennoch kamen die Fahrzeuge leidlich vorwärts.

Da erhob sich am 13. Februar ein heftiger Sturm, der die Schiffe in die höchste Gefahr brachte. Die Nacht verging in tausend Nöten, in Nord-Nordost zuckten dreimal fürchterliche Blitze durch die Dunkelheit, was einen noch heftigeren Sturm ankündigte. Den größten Teil der Nacht wachte Kolumbus über den Masten und Takelwerken. Gegen Morgen legte sich der Wind ein wenig, aber bald wurde der Sturm rasender als je. Die Wellen warfen sich die Schifflein förmlich gegenseitig zu, schließlich kam der Sturm von zwei Seiten, so dass sie weder vorwärts noch rückwärts zu steuern vermochten. Das Meer stieg höher und höher, der Wind wurde immer fürchterlicher. Die Mannschaft konnte sich nur auf dem Hinterdeck halten. Die „Pinta" wurde ganz aus den Augen verloren, obwohl Kolumbus stets wieder Zeichen gab, um ihr den Weg zu zeigen. Nach Sonnenaufgang nahm der Wind noch mehr zu und wühlte das Meer in seinen tiefsten Tiefen auf, so dass man jeden Augenblick glaubte, das Schiff würde untergehen. In ihrer Not gelobten alle, im Fall der Rettung eine Wallfahrt nach Loreto zur Jungfrau Maria zu unternehmen und am ersten besten Ort, wo ein Gotteshaus sei, in bloßem Hemd in feierlicher Prozession nach der Kirche zu wallfahren. Kolumbus selbst gelobte der heiligen Maria von Guadelupe eine fünfpfündige Wachskerze, denn auch ihn umfingen Schwachheit und Todesangst mit aller Macht. Mit tiefer Traurigkeit gedachte er seiner beiden Söhne, die in Cordoba studierten. Was sollte aus den Vater- und Mutterlosen werden? Zwar hielt er sich vor, dass Gott ihn bisher seiner Gnade immer gewürdigt, dass er ihn gleichsam zum Missionar ausersehen habe, den heidnischen Völkern die Segnungen des Christentums zu bringen; wie konnte er ihn, der erst am Anfang seines Werkes stand, jetzt verlassen?

Indessen, die Wut der Elemente war zu fürchterlich; auch der stärkste Glaube konnte die Todesgedanken nicht verscheuchen. Um nun dem König, auch wenn die Fahrzeuge untergingen, seine Entdeckung zu offenbaren, schrieb Kolumbus mit zitternder Hand einen gedrängten Reisebericht mit Bezeichnung des Weges, den künftige Seefahrer einzuschlagen hätten; er bat den etwaigen Finder inständig, wer er auch sei, diesen Bericht dem König von Spanien zu bringen. Dann wickelte er das Pergament in ein großes Stück Wachsleinwand, versiegelte das Paket hermetisch, legte es in ein hölzernes Kästchen und warf es ins Meer. Damit kehrte Ruhe in sein Herz zurück, und obwohl die Wogen rings um ihn her brandeten, stand er gelassen fünf lange bange Stunden an dem gesenkten Hauptmast, jeden Augenblick erwartend, dass eine der unzähligen haushohen Wellen ihn in den Abgrund ziehe.

Endliche erheiterte sich der Himmel gegen Westen etwas auf und zur unaussprechlichen Freude aller erschien in grauer Ferne Land. Von Sonnenaufgang bis zur Nacht ruderte man nun unaufhörlich, um die Insel, von der Kolumbus vermutete, dass sie zu den Azoren gehöre, zu erreichen, aber die Gewalt von Wind und Meer war zu groß. Der Admiral verbrachte die ganze Nacht am Steuerruder; seit vier Tagen hatte er keinen Augenblick geschlafen, seine Beine waren vom vielen Stehen ganz steif geworden; am Sonntag, den 29. Februar, näherte er sich der Insel, von deren Bewohnern man erfuhr, dass es Santa Maria, eine der Azoren, sei. Sogleich gedachte Kolumbus seines Gelübdes und schickte die Hälfte der Mannschaft in einer Schaluppe aus, damit sie ihre Wallfahrt verrichteten, wie sie es gelobt hatten, denn ganz nahe an der Küste lag eine Einsiedelei mit einem kleinen Kirchlein. Allein als die Pilger mitten im Gebet waren, wurden sie auf Befehl des Gouverneurs der Insel überfallen und zu Gefangenen gemacht. Lange wartete Kolumbus auf ihre Rückkehr, um dann seinerseits mit der anderen Hälfte seines Schiffsvolks die Wallfahrt auszuführen. Als aber nach geraumer Zeit sich niemand zeigte, steuerte er zur Insel, um zu sehen, ob die Pilger vielleicht an den klippenreichen Strand gescheitert wären. Da sah, er, wie eine Schaluppe vom Strand abstieß und mit wohl bewaffneten Leuten bemannt, auf sein Schiff zusteuerte. Als sie sich genähert hatten, erhob sich ein Mann in dem Boot, es war der Gouverneur der Insel selbst, und verbot Kolumbus mit drohenden Worten die Landung. Kolumbus wies auf seine Vollmachten und verlangte energisch die Freilassung seiner Mannschaft. Der Gouverneur antwortete, er handele im Auftrag des Königs von Portugal und werde die Vollmachten erst prüfen lassen. In der nun folgenden Nacht hatte Kolumbus wieder einen heftigen Sturm zu überstehen; die Winde trieben ihn von der Insel noch einmal hinaus aufs Meer, und erst nach mehreren Tagen konnte er sich wieder mit seinen Gefährten vereinigen, die von dem Gouverneur ausgeliefert wurden, nachdem er sich überzeugt hatte, dass Kolumbus ein Abgesandter der spanischen Majestäten sei.

Langsam, unter unaufhörlichen Wirbelwinden, unter schrecklichen Gewittern und Regengüssen kämpfte sich das zerbrechliche Fahrzeug vorwärts, jeder Augenblick war, wie Kolumbus schreibt, ein Schritt in den Rachen des Todes.

Endlich mit Tagesgrauen näherte sich das Schiff dem Felsen von Cinta, der an dem Fluss von Lissabon liegt. Als sie in den Fluss einliefen, kam ihnen die ganze Bevölkerung entgegen und staunte ob dem Wunder der Rettung. Nie war nach ihrer Versicherung an diesen Küsten ein solcher stürmischer Winter gewesen; eine ganze Stadt war weggefegt worden, und 25 Fahrzeuge lagen zerschmettert auf dem Meeresgrund. Man hatte das Schiff vom Hafen aus mit den Wogen kämpfen sehen, und niemand hatte eine Rettung für möglich gehalten.

Kolumbus sandte nun nach Lissabon und erbat sich vom König schriftlich die Erlaubnis, sich ihm vorstellen zu dürfen; er besaß den sehr begreiflichen Ehrgeiz, sich dem Mann als Entdecker Indiens vorzustellen, der ihn mit seinem Projekt einst abgewiesen hatte. Noch an demselben Tag erschien der Kommandant des im Hafen stationierten Kriegsschiffes und erbat sich höflichst Einsicht in die königlichen Vollmachten des Kolumbus, auch der Hafenkapitän kam unter dem Klang von Trommeln und Pfeifen, um dem berühmten Mann seinen Besuch abzustatten. Während der folgenden Tage umschwärmten zahlreiche Barken das Schiff, eine unendliche Menge von Menschen, hoch und niedrig, kam, um den Admiral zu sehen, der endlich am 8. März schriftlich eine Einladung zum König von Portugal erhielt. Hier wurde er mit größter Auszeichnung empfangen, der König verbarg seinen Verdruss hinter heiterer Miene, sagte, er freue sich außerordentlich über den Erfolg der Reise, aber es scheine ihm, dass die neu entdeckten Länder gemäß der Verleihung des Papstes ihm gehören. Doch werde man darüber schon noch ins Reine kommen. Er logierte nach der Audienz den Entdecker bei dem Prior des Clato, dem vornehmsten Mann bei Hofe ein, und auch von ihm wurde Kolumbus mit der größten Hochachtung und Verehrung behandelt.

Einige Kavaliere vom Hof erboten sich, mit Kolumbus, der nicht sehr wachsam auf seine Worte war, Handel anzufangen und ihn dann in scheinbarer Aufwallung umzubringen, damit mit dem Entdecker auch die Entdeckung begraben würde. Jão war jedoch edel genug, diesen Vorschlag von sich zu weisen; er behandelte vielmehr Kolumbus auch am nächsten Tag bei Tafel mit größter Höflichkeit und entließ ihn mit allen Zeichen seiner Gnade.

Am 13. März lichtete Kolumbus die Anker und langte am 15., wieder an einem Freitag, an der Barre von Saltes an, nachdem er in allem sieben Monate und elf Tage abwesend gewesen war. An demselben Tag lief auch Pinzon vor dem Hafen von Palos ein; ihn hatte der Sturm nach der Nordküste von Spanien verschlagen. Er hatte in Bayona in Galizien gelandet, von dort aus den Monarchen zuerst die Entdeckung angezeigt und um einen besonderen Empfang gebeten. Allein er erhielt den Bescheid, dass er im Gefolge des Kolumbus zu erscheinen habe. Dieses Zeichen der königlichen Ungnade brach das Herz des schon erkrankten Mannes; er starb wenige Tage nach seiner Ankunft, ohne den verdienten Lohn für seine tätige Teilnahme an der Entdeckung erhalten zu haben. Erst viele Jahre später wurden seine Nachkommen von Karl V. in den Adelstand erhoben, den die Familie noch heute mit Stolz und Ehren führt.

Kolumbus am spanischen Hof

Kaum war das Gerücht von der Annäherung des Indienfahrers Kolumbus erschollen, als die Bewohner sich am Ufer versammelten. Unter dem Donner der Kanonen und dem Geläut der Glocken betraten die Heimgekehrten das Land, wo Kolumbus sogleich den Weg zur Kirche antrat, um dem Himmel für seinen gnädigen Beistand zu danken. Dann reiste er unverzüglich über Sevilla nach Barcelona, wo sich damals der Hof befand. Er nahm Proben von den vielfältigen Erzeugnissen der neu entdeckten Länder mit, auch einige Indianer in ihrem fremdartigen Putz mit goldenen Zierraten geschmückt. Diese, sowie die bunten Vögel, erregten vor allen Dingen die Aufmerksamkeit des Volkes, das sich überall in großer Menge herbeidrängte, um das ungewöhnliche Schauspiel und den berühmten Mann zu bestaunen.

Mitte April erreichte Kolumbus Barcelona. Der Adel und die zum Gefolge des Hofes gehörigen Ritter, sowie die Behörden der Stadt empfingen ihn an den Stadttoren, und die Straßen waren mit Menschen so überfüllt, dass trotz der Bemühungen aufgestellter Gardisten kaum ein Weg für den Zug offen blieb, der in feierlicher Ordnung daher kam.

Voran gingen die Indianer in ihrem eigentümlichen Staat; hinter ihnen trugen Gefährten des Kolumbus, was man an goldenen Zierraten, Goldblechen und Goldkörnern mitgebracht hatte. Andere brachten Proben von Naturerzeugnissen der neuen Welt: Baumwolle, Pfeffer, Hölzer, Papageien und andere nie gesehene Dinge. Endlich erschien er selbst, der mutige Entdecker, von brausenden Hurrarufen, wehenden Tüchern und Blumen streuenden Frauen begrüßt. So bewegte sich der Zug zum Marktplatz, wo Ferdinand und Isabella mit ihrem Sohn unter einem prächtigen Thronhimmel sitzend, Kolumbus erwarteten. Bei seinem Erscheinen erhoben sie sich von ihren Sitzen, und, ihm die Hände zum Gruß reichend, forderten sie ihn auf, sich niederzusetzen; dies waren für einen Mann vom Stand des Kolumbus bisher unerhörte Zeichen der Herablassung an dem stolzen und steifen kastilianischen Hof. Von all den hochgeborenen Edelleuten, die umherstanden, konnte sich keiner einer solchen Auszeichnung rühmen.

Kolumbus genoss in diesen Stunden die erhabensten Augenblicke seines Lebens; das Hochgefühl, dass er nach langem, geduldigem Harren, allem Zweifel und Spott zum Trotz, die Wahrheit seiner so heiß bestrittenen

Christoph Kolumbus nach der Rückkehr von seiner ersten Reise vor dem spanischen Königspaare in Barcelona Mitte April 1493.

Nach dem Gemälde von R. Balaca.

(Der Künstler hat die Szene in den Saal des Schlosses verlegt, während der Empfang in Wirklichkeit auf dem Marktplatz von Barcelona stattgefunden hat.)

Annahmen bewiesen, entschädigten ihn für alles, was er bisher erduldet hatte. Nach einer kurzen Pause forderten die Herrscher von Kolumbus eine Erzählung seiner Erlebnisse. Sein Vortrag war ruhig und würdevoll, aber erwärmt durch die Glut natürlicher Begeisterung. Er nannte die verschiedenen Inseln, auf denen er gewesen, ließ sich weitläufig über die Schönheit und Fruchtbarkeit aus und zeigte die mitgebrachten Proben vor. Auch über das Gold sprach er ausführlich, über die Aussagen der Eingeborenen, die ihm die Versicherung gegeben hatten, dass große Mengen des edlen Metalls auf ihren Inseln vorhanden seien; er wies darauf hin, dass man diesen Segen vor allen Dingen zur Bekehrung der Indianer verwenden solle, deren einfacher Sinn zur Annahme einer reinen unverfälschten Glaubenslehre vorbereitet sei, und schloss mit den begeisterten Worten: „Man veranstalte Prozessionen und feiere heilige Feste; man schmücke die Tempel mit Maien und Blumen, damit Jesus Christus sich über die Erde freuen könne, wie er sich über die Himmel freut, wenn er sieht, dass das Reich Gottes den Völkern nahe kommt, die bisher verloren gewesen. Auch wir müssen uns freuen und jubeln, und das nicht nur über die Verbreitung unseres heiligen Glaubens, sondern auch über die Vermehrung irdischer Güter, von denen die Frucht Spanien und der ganzen Christenheit zuteil werden wird."

Die Rede machte besonders auf die Königin einen tiefen Eindruck. Als Kolumbus geendet hatte, sanken alle Anwesenden zu frommem Dankgebet auf die Knie, während die feierlichen Klänge des Tedeum von den Sängern der königlichen Kapelle wie zur Feier eines ruhmvollen Sieges angestimmt wurden.

Kolumbus war nun der Held des Tages und wurde mit den ausgesuchten Ehrenbezeichnungen überhäuft. Er befand sich stets im unmittelbaren Gefolge des Königs, ritt mit ihm und dem Kronprinzen aus und aß an der königlichen Tafel, wo er wie die vornehmsten Granden bedient wurde.

Bei einem solchen Bankett nun soll sich, wie ein Schriftsteller erzählt, die bekannte Anekdote von dem Ei des Kolumbus zugetragen haben. Es äußerte nämlich, wie es heißt, einer der Anwesenden, die Reise des Kolumbus sei gar nicht so schwer ausführbar gewesen. Darauf nun fragte ihn Kolumbus, ob er ein Ei auf die Spitze stellen könne? Trotz aller Bemühungen gelang dies nicht, bis Kolumbus das Ei nahm und es, die Spitze leicht eindrückend, zum Stehen brachte, worauf der Sprecher antwortete, ja das könne er auch. „Nämlich", erwiderte Kolumbus, „nachdem ich es dir gezeigt habe!"

In Wahrheit ist diese Geschichte in Italien unter ganz anderen Verhältnissen passiert. Der Baumeister Brunelleschi in Florenz hatte zum ersten Mal eine großartige ungeheure Kuppel gebaut. Als einige an der Haltbarkeit der

Konstruktion zweifelten, nahm Brunelleschi ein Ei, drückte die Spitze ein und sagte: So wie es möglich ist, dass dieses Ei auf der Spitze steht, so wird auch mein Kuppelbau stehen bleiben, obwohl keiner es für möglich gehalten hat.

Es ist indessen sicher anzunehmen, dass es am Hof auch einige gab, die ihren Zweifel äußerten, ob Kolumbus wirklich nach Indien gekommen sei. Denn er hatte ja weder das menschenwimmelnde Kathay noch den Großkhan gefunden. Auch hüllte er sich über die genaue astronomische Lage

Wappen des Christoph Kolumbus.

seiner entdeckten Inseln in Schweigen; sehr begreiflich, denn eine solche Bestimmung hatte er ja, da seine mathematischen Kenntnisse hierzu nicht ausreichten, gar nicht vorgenommen. Auch die Karte, die er dem König versprochen hatte, war noch nicht erschienen. Kolumbus vertrat jedoch diesen Angriffen gegenüber seine Meinung, dass er mindestens jenen Gegenden sehr nahe gewesen sei, mit aller Beredsamkeit, und weder er noch ein anderer konnte ahnen, dass ein ganz neuer Kontinent es gewesen war, dessen Vorhallen der Entdecker betreten hatte.

So blieben ihm denn die Majestäten günstig gestimmt. Sie bestätigten am 23. Mai 1493 feierlich, was Kolumbus sich ausbedungen hatte, und verliehen ihm ein sinnreiches Wappenschild. Es zeigt die Sinnbilder der beiden Königreiche Kastilien und Leon, die Anker des Admirals und im linken unteren Feld die neu entdeckten Inseln. Die Umschrift lautet:

Por Castilla y por Leon
Nuevo Mundo halló Colon

d.h.   Für Kastilien und für Leon
                             Eine neue Welt fand Colon.

Dann begannen die Majestäten auch, eine neue Flotte im großen Stil zu rüsten. Zuvor aber beeilten sie sich, um allen Verwicklungen und Streitigkeiten mit den Portugiesen vorzubeugen, die bereits vollzogenen und alle künftigen Besitzergreifungen vom Papst bestätigen zu lassen. Denn in den damaligen Zeiten herrschte die Meinung, dass der Papst als Statthalter Christi auf Erden auch über diese Erde frei schalten und walten könne, und dass also ein Fürst erst dann im Besitz neuer Länder sicher sei, wenn der Papst die Einwilligung dazu gegeben habe. Damals saß auf dem Stuhl Petri Alexander VI. Er lieh dem Gesuch der spanischen Könige ein williges Ohr und bedachte sich nicht lange, das zu bewilligen, was ihn nichts kostete. In einer Bulle erklärte er, dass er in Anerkennung der Dienste, welche Spanien der Kirche geleistet habe und „aus reiner Großmut", unfehlbarer Kenntnis und aus Fülle apostolischer Gewalt" den spanischen Herrschern alle Besitzungen im Westmeer zuspreche. Er zog einen Strich vom Nordpol zum Südpol, und teilte wie man einen Apfel in zwei Hälften spaltet, die Erde in zwei Halbkugeln; alles Land östlich seiner Linie, der so genannten Demarkationslinie, sollte den Portugiesen, das westlich davon den Spaniern für ewige Zeiten gehören. Dreihundert Meilen westlich von den Azoren sollte diese Linie gedacht werden; wer sie freilich bestimmen sollte, sagte er nicht; eine solche Bestimmung wäre in der damaligen Zeit überhaupt nicht ausführbar gewesen, da weder astronomische Apparate, noch gehörig geschulte Gelehrte dazu vorhanden waren. Er verließ sich auf die Angaben des Kolumbus, der ihm mitgeteilt hatte, dass hundert Meilen westlich von den Azoren eine auffallende Veränderung der Temperatur, der Luft, des Meeres und der Gestirne von ihm beobachtet worden sei, gleichsam als ginge eine neue Welt dort an. Der König von Portugal wollte sich anfangs mit dieser Entscheidung des Papstes nicht zufrieden geben und rüstete heimlich eine Flotte, um Kolumbus, wenn er mit seinem neuen Geschwader auslief, festzuhalten, allein der spanische König, der damals gerade in einem Krieg mit Frankreich Sieger geblieben war, gab ihm zu verstehen, dass er nötigenfalls mit Waffengewalt auf seinem Recht bestehen werde.

Inzwischen wurde die Ausrüstung der Flotte mit solchem Eifer betrieben, dass in Cádiz bald siebzehn Fahrzeuge von verschiedener Größe zur Ausfahrt bereit standen. Tagelang wurden Güter verladen wie: Schiffszwieback, Wein, Waffen, Munition, Werkzeuge, Sämereien der verschiedensten Art, Pferde, Kühe, Schafe, um sie in der neuen Welt, wie man die entdeckten Inseln nannte, einzuführen.

Spanische Soldaten zur Zeit des Kolumbus.
Nach „El Centenario".

Zahlreich meldeten sich diesmal Freiwillige, unter ihnen auch Edelleute, wie Alonso de Hojeda, Ponze de Leon, die sich später einen Namen erwarben, denn die Fahrt verhieß nach dem, was man gesehen hatte, reichen Gewinn. Da Kolumbus neue Niederlassungen gründen sollte, so befanden sich auch Landleute und Handwerker unter seiner Schar, so dass sich die gesamte Mannschaft auf 1500 Mann belief.

Der Plan war diesmal, zunächst direkt nach Navidad, der Ansiedlung auf Hispaniola, zu segeln und hier noch andere Niederlassungen zu gründen; dann aber Zipangu und Kathay aufzusuchen, um schließlich an Indien vorbei durch das Rote Meer über Alexandria zurückzukehren.

Zweite Reise des Kolumbus

Kolumbus beabsichtige also nicht weniger als eine Erdumsegelung, als er am 25. September an der Spitze einer Flotte von 17 Schiffen aus dem Hafen von Palos fuhr. Der große Erfolg seiner ersten Reise hatte seinem unternehmenden Geist neuen Schwung gegeben, eine Bahn, empor zu den schwindelnden Höhen des Ruhmes, lag sein Leben jetzt vor ihm. War er schon mit seinen drei kleinen Fahrzeugen zu solch großartigen Erfolgen gelangt, wie viel mehr konnte er mit den Mitteln erreichen, die ihm jetzt zu Gebote standen! Seine Söhne, von denen er sich in Sevilla verabschiedet hatte, wusste er wohl geborgen; sie waren als Pagen in den Dienst des Kronprinzen Juan von Spanien getreten, wo sie unter den Söhnen der ersten Familien verkehrten, sie, die Söhne des Don Christobal Colon, des Admirals des Weltmeeres und künftigen Vizekönigs von Indien.

Am 1. Oktober musste das Geschwader auf den Kanarischen Inseln Station machen, weil ein Schiff leck geworden war; am 13. verließ der Admiral den Hafen und steuerte unter dem sanften Wehen des Nordostpassates über den Ozean. Der Kurs wurde diesmal etwas südlicher genommen; man wollte, wenn möglich, gleich auf einer der südlich gelegenen Inseln landen, von denen Pinzon auf der ersten Reise Kunde erhalten hatte.

Am 3. November erblickte man in verschiedenen Richtungen Inseln. Man näherte sich der ersten, der man den Namen D o m i n i c a gab, fand aber keinen Hafen zum Anlaufen; infolgedessen fuhr man zur nächsten, die etwa 5 Leguas nördlich lag. Hier stieg der Admiral an Land, ein großer Teil der Schiffsmannschaft folgte ihm, er entfaltete das große Königsbanner von Spanien, nahm in aller Form Besitz von der Insel und taufte sie M a r i a g a l a n t e . Sie war dicht mit Gesträuch und einer Menge der verschiedenartigsten Bäume bewachsen, voll von Blüten und Früchten, die allen unbekannt waren. Einige Unvorsichtige versuchten die Früchte eines Baumes, der einem Lorbeer ähnlich war. Aber kaum hatten sie mit der Zunge daran gerührt, so schwoll das ganze Gesicht fürchterlich an, es entstand eine heftige von den größten Schmerzen begleitete Entzündung, die Betroffenen gebärdeten sich ganz rasend, so dass der Schiffsarzt sie durch kühlende Mittel beruhigen musste.

Am nächsten Morgen kam eine Doppelinsel in Sicht. Von einem hohen
Berg stürzte hier ein prachtvoller Wasserfall herab, hohe Berge und weite
Ebenen waren schon von der Küste aus im Innern zu sehen. Der Admiral
segelte weiter nach Puerto Rico und hielt sich längere Zeit in einem guten
Hafen auf, den er gefunden hatte, um die Insel zu erforschen. Dabei stieß

Entdeckung der Antillen durch Christoph Kolumbus.
Nach einer ihm selbst zugeschriebenen Zeichnung in „l'Epistola Christofori Columbi".
(Ausgabe ohne Jahreszahl, etwa um 1494 erschienen.)

man auf Hütten, in denen eine Menge menschlicher Gebeine gefunden wurden; Menschenschädel waren in den Wohnungen aufgehängt, wie Geschir-
re, in denen Verschiedenes aufbewahrt wurde. In einer Wohnung erblickte
man sogar den Hals eines Mannes, der in einem Gefäß gekocht wurde. Von
den ausgesandten Spaniern kam endlich einer mit einem Knaben zurück,

welcher sagte, er sei schon lange als Gefangener hier; eigentlich stamme er von einer anderen Insel.

Das gleiche erzählten mehrere Frauen, die sich gern gefangen nehmen ließen und berichteten, die Insel sei von Kariben bewohnt, die eben, Männer und Frauen, zu einem Raubzug ausgezogen seien. Als Kolumbus von dieser unheimlichen Insel, die er G u a d e l u p e nannte, abfahren wollte, fand sich's, dass acht Mann fehlten, die ohne Erlaubnis ans Land gegangen waren. Es wurden Streifpartien ausgesandt, die von Zeit zu Zeit Salven und Trommelsignale abgaben; indes vergeblich. Endlich nach acht Tagen erschienen die Vermissten, halb verhungert in vollständig zerfetzter Kleidung. Sie hatten sich im Urwald verirrt und nur mit Mühe einen Ausweg gefunden, indem sie auf Bäume kletterten, um nach dem Stand der Sterne den Rückweg zu wählen.

An einer Reihe von kleineren und größeren Insel ging es nun vorbei, die noch heute die Namen tragen, die Kolumbus ihnen gab: Montserrat, San Martin, Santa Cruz, Inseln der elftausend Jungfrauen und P u e r t o R i c o . Nirgends hielt sich Kolumbus lange auf; es drängte ihn, seine Ansiedlung Navidad aufzusuchen und die erhoffte Tonne Gold in Empfang zu nehmen. Als man an der Bucht von Monte Christo vorbeikam, entdeckten Boote beim Wasserholen vier Leichen, die an Hals und Füßen mit Stricken geknebelt waren, eine von ihnen hatte ein bärtiges Gesicht, und konnte somit kein Eingeborener sein, da die Indianer sich ihre spärlichen Barthaare auszurupfen pflegten, also bartlose Gesichter hatten. Von bösen Ahnungen erfüllt, langte Kolumbus endlich am 27. November vor Navidad an. Die Dunkelheit hatte sich bereits auf Meer und Land herabgesenkt, und der Admiral ließ zum Zeichen seiner Ankunft zwei Kanonenschüsse abgeben. Aber keine Antwort ließ sich darauf hören, eine unheimliche Stille waltete überall, und weder Weiße noch Eingeborene waren zu sehen. Da auch weder Rauch noch Feuer, noch eine Spur von Wohnungen zu bemerken war, bemächtigte sich aller eine gewaltige Enttäuschung; denn Kolumbus hatte ihnen versprochen, unzählige Barken würden bei ihrer Ankunft die Flotte umschwärmen und viele Eingeborene würden mit Gold an Bord kommen, um es gegen Kleinigkeiten umzutauschen.

Endlich tauchte ein einsames Boot aus dem Schatten der Insel auf, eine Stimme rief: Almirante, Almirante! Kolumbus ließ eine Kerze anzünden und als bei ihrem Schein das Gesicht des Admirals deutlich sichtbar wurde, da erst getrauten sich die Eingeborenen an Deck. Es kam ein Verwandter Guakanagaris und erzählte mit rätselhafter Scheu, die Spanier befänden sich zwar wohl, doch seien etliche gestorben, teils an Krankheit, teils bei Strei-

Küste der Insel Maria algante.

tigkeiten, die unter ihnen ausgebrochen waren. Guakanagari könne nicht selbst kommen, er sei bei dem Überfall eines benachbarten Kaziken verwundet worden. Das waren wenig erfreuliche Nachrichten. Was aber fand Kolumbus, als er am nächsten Tag seine Niederlassung Navidad besuchte! Verbrannte Trümmer anstelle der Burg; überall lagen Kleidungsstücke, Werkzeuge, zerbrochene Waffen umher und unter hochaufgeschossenem Gras und Kraut fand man halb verwest die Leichen von Spaniern. Kolumbus war wie aus allen Himmeln gefallen. Um nun wenigsten die Schätze der erschlagenen Ansiedler zu finden, von denen er glaubte, dass sie versteckt worden seien, ließ er überall graben, allein man entdeckte nichts. Endlich am anderen Tag erschien der Bruder Guakanagaris und erzählte den ganzen Hergang. –

Bald nach der Abfahrt des Kolumbus war unter den Spaniern eine Empörung gegen den Anführer Diego de Arana ausgebrochen. Die Unzufriedenen zogen nach dem Goldland des streitbaren Kaziken Kaonabo, wo sie natürlich unter der Übermacht ihren Tod fanden. Der Kazike unternahm einen Rachezug gegen Navidad und brannte die Festung ab. Auch Guakanagaris Stadt wurde dabei verheert, viele seiner Krieger verwundet.

Kolumbus besuchte nun den Kaziken, der jetzt in einer kleinen weit abgelegenen Ortschaft residierte. Er lag in einer Hängematte, umgeben von sieben Frauen, und klagte über Schmerzen im Bein. Mehr aus Furcht vor den Spaniern, als freiwillig, kam er herausgehinkt und der Schiffschirurg, der sich im Gefolge des Kolumbus befand, nahm den Verband ab, entdeckte aber nicht die geringste Spur einer Verwundung. Einige Begleiter rieten nun dem Admiral, den verdächtigen Patienten gefangen nehmen zu lassen; Kolumbus indessen schenkte diesem Vorschlag kein Gehör, da er die Eingeborenen nicht gegen sich aufbringen wollte. Er zeigte nur dem Kaziken seine Reiterei, womit er ihn auch wirklich sehr einschüchterte; allein am anderen Tag war die Küste von den Eingeborenen vollständig verlassen. Sie hatten sich in die Berge geflüchtet und mit ihnen waren auch die indianischen Frauen von den Schiffen verschwunden, die man vor den Kariben gerettet hatte. Sie waren beim Einbruch der Nacht ins Meer gesprungen, ein nachsetzendes spanisches Boot holte nur eine wieder ein.

Nach dieser schmerzlichen Enttäuschung verließ Kolumbus Navidad und segelte ostwärts an der Küste hinauf, bis er nach langem Suchen an der Mündung eines kleinen Flusses eine passende Fläche zur Gründung einer neuen Ansiedlung fand. Sie war durch eine Felswand und undurchdringlichen Urwald auf zwei Seiten wohl geschützt. Hier wurde die Mannschaft ausgeschifft, Straßen abgesteckt und der Grund zur Kirche, zu Magazinen und Warenhäusern gelegt.

Die öffentlichen Gebäude wurden aus Steinen, die sich reichlich vorfanden, die Wohnhäuser aus Holz und Stroh gebaut. Die junge Stadt erhielt der Königin zu Ehren den Namen I s a b e l l a .

Der Ort war jedoch unglücklich gewählt. Schon nach wenigen Tagen erwies sich die Luft wie von Fieberkeimen erfüllt, der dritte Teil der Einwanderer starb nach kurzer Zeit, Kolumbus selbst wurde vier Monate an das Krankenbett gefesselt, so dass er kein Tagebuch führen konnte. Selbst unfähig, auf Entdeckungen auszuziehen, sandte er im Januar 15 Mann unter Führung des beherzten Ritters Alonso de H o j e d a nach dem Goldland Cibao. Zwei Tage lang marschierte der Unerschrockene durch unbekannte Bergpässe, bis er am dritten Tag von der Höhe aus eine herrliche grüne Ebene zu seinen Füßen liegen sah. Freilich, die vermuteten prächtigen Städte waren nirgends zu erblicken, sondern nur bescheidene Wohnungen freundlicher Indianer, welche die weißen Ankömmlinge mit rührender Liebe und Gastfreundschaft aufnahmen. Sie zeigten ihnen auch Gebirgsbäche, deren Sand von Gold glänzte, Hojeda selbst fand einen Klumpen von neun Unzen (384 g) Schwere. Mit diesem Zeichen eines nahen Goldlandes kehrten die Gesandten triumphierend zurück zu Kolumbus, der sich schon lange Sorgen darüber machte, wie er seine Versprechungen einlösen könnte. Denn vorläufig hatten die Unternehmungen nur gekostet, aber nichts eingebracht. Auch der Bote Antonio de Torres, der die Goldfunde jetzt nach Spanien schaffen sollte, überbrachte in seinem Schreiben neue kostspielige Forderungen: frische Lebensmittel, Fleisch, Wein, Arzneien für die Kranken, Pferde und Maultiere. Kolumbus musste sich sagen, dass die spanischen Könige, die keineswegs reich waren, auf die Dauer das nicht würden bezahlen können, und er machte ihnen daher folgenden Vorschlag: „Eure Hoheiten", schrieb er, „sollten jedes Jahr Schiffe und Schlachtvieh, Lebensmittel und die Bedürfnisse des Ackerbaues zu mäßigen Preisen hierher senden. Die Kosten könnte man durch Rücksendung von Sklaven decken, wozu sich die Kariben, einmal gezähmt, wegen ihrer Leibesstärke, Gewandtheit und Verständigkeit besser eignen werden als andere Stämme. Mit Hilfe der Ruderfahrzeuge, die ich hier bauen lasse, würde man sie in großer Zahl einfangen können." In der Tat sandte er auch mit Antonio de Torres eine Ladung Sklaven ab. –

Man hat es nun dem Kolumbus oft zum Vorwurf gemacht, dass er wie ein gewissenloser Sklavenhändler die nach Spanien zurückkehrenden Schiffe mit indianischen Sklaven befrachtete, und so die Armen aus dem Land fortriss, wo sie in ihrer Weise glücklich lebten. Das ist auch gewiss ein tadelnswerter Zug seines Charakters, allein er teilt ihn mit vielen selbst edlen seiner Zeitgenossen. Es war die Ansicht der damaligen Zeit, dass der Wilde rechtlos sei. Die Portugiesen betrieben schon jahrelang einen einträglichen Menschenhandel, und es hatten sich nur wenige Stimmen dagegen erhoben. Von einer Zeit, die tausende von Juden ihres Eigentums beraubte und ins Elend trieb, die auf zahlreichen Scheiterhaufen Ketzer verbrannte, kann man kein Zartgefühl gegen die wilden Völker erwarten, von denen man ohnehin glaubte, dass ihre heidnischen Seelen ja durch göttlichen Beschluss rettungslos zu ewiger Verdammnis verurteilt wären.

Neben den Sorgen um Auffindung des versprochenen Goldes hatte Kolumbus mit Verschwörern unter seiner Mannschaft zu kämpfen. Die Spanier hatten sich ihre Reise ganz anders vorgestellt. Sie glaubten, in aller Bequemlichkeit, gleichsam im Vorbeifahren, kolossale Reichtümer erwerben zu können, und jetzt sollten selbst die Edelleute wie gewöhnliche Handwerker arbeiten! Dazu war die Kost knapp, da viele Lebensmittel verdorben waren. Es gab Tage, an denen fünf Hungrige bei einer Erbsenschüssel und je einem Ei sich sättigen sollten. Bei so ungenügender Nahrung forderte natürlich das Fieber desto mehr Opfer unter den des Klimas ungewohnten Fremdlingen. So hatten denn einige beschlossen, sich der Fahrzeuge, die nicht nach Spanien zurückgefahren waren, zu bemächtigen und nach Hause zu reisen. Kolumbus entdeckte den Anstifter dieses Planes, Bernal de Pisa, und warf ihn in Ketten, um ihn bei passender Gelegenheit nach Spanien zurückzusenden. Von dieser Zeit an verfiel er aber dem allgemeinen Hass und wurde als ein grausamer Mann verschrien, als ein hochmütiger herzloser Fremdling, der die edlen Spanier wie Verbrecher behandele. Langsam aber unausrottbar setzte sich diese Meinung fest, und sie wurde bald auch nach Spanien verschleppt.

Als Kolumbus von seiner Krankheit genesen war, unternahm er selbst einen Zug in das Innere, um den Eingeboren seine Macht zu zeigen. Mit fliegenden Fahnen und klingendem Spiel durchzog er die indianischen Niederlassungen, wo die Eingeborenen mit sprachlosem Erstaunen die nie gesehenen Reiter anstarrten. Sie hielten diese halb tierischen halb menschlichen Ungeheuer für e i n Wesen und waren daher tödlich erschrocken, als die Reiter abstiegen. Die meisten flüchteten, sobald die Spanier sich näherten, in ihre Hütten und versperrten den Eingang, indem sie einen Rohrstab quer davor legten. Sie glaubten, dass dies, wie ihre Volksgenossen, so auch die Spanier abhalten würde, die Hütten zu betreten.

Zur großen Freude des Kolumbus fand sich in der Gegend, die von den Eingeborenen Cibao genannt wurde, überall reichlich Gold vor, so dass er auf den Gedanken kam, er sei in dem Land Ophir, woher Salomo nach den

Berichten der Bibel das Gold für seinen Tempelbau geholt haben sollte. Auch andere aus seiner Umgebung waren über die Menge des edlen Metalls erstaunt. Der Arzt Chanca, der einen Bericht über diese Reise hinterlassen hat, schrieb voller Begeisterung, dass die spanischen Monarchen die glücklichsten und reichsten der Welt seien. „Wahrlich", fährt er fort, „bei der nächsten Reise, welche die Schiffe machen, werden sie die Träger einer solchen Menge Goldes sein, dass kaum die eigenen Augen es zu glauben vermögen. Wer mich nicht kennt, möchte mich für einen Schwätzer halten, der sich im Übertreiben gefällt, aber Gott ist mein Zeuge, dass ich nicht einen Augenblick von der Wahrheit abwich."

Einige Spanier erboten sich, als Goldgräber hier zurückzubleiben, und, Kolumbus errichtete zu ihrem Schutz ein festes Blockhaus aus Holz und Erde und ließ eine Besatzung von 56 Mann unter dem Befehl des Pedro Margarit zurück. Die Ansiedlung erhielt den Namen Santa Thomas; sie lag in einem grünen Tal, wo muntere Wasserfälle und zahlreiche Bäche angenehme Kühle verbreiteten.

Kolumbus kehrte nun nach Isabella zurück und fand die Verhältnisse infolge des Fiebers und des Mangels an Lebensmitteln noch trostloser als zuvor; er konnte sich jedoch nicht entschließen, sich lange aufzuhalten, vielmehr drängte es ihn, seine Entdeckungsfahrt weiter fortzusetzen und endlich einmal Zipangu und Kathay zu suchen. Denn es stand bei ihm fest, dass er ganz in der Nähe von Indien und dem Festland von Asien sich befinde; es käme nur darauf an, meinte er, sich durch die 7000 Inseln durchzuwinden, die nach den Beschreibungen, die er gelesen hatte, an der Küste dieses Kontinents liegen sollten. Um ihn noch mehr irre zu führen, stimmt der Anblick der Küste sehr oft mit jenen Berichten überein; oft tat er wohl auch den Verhältnissen Zwang an und brachte in Übereinstimmung mit seinen Anschauungen, was eigentlich gar nicht zusammen passte. So hatte sich z.B. ein Bogenschütze einst auf die Jagd begeben und stand in dichtem Gebüsch, als plötzlich aus den Bäumen eine Gestalt schritt, der bald zwei andere und diesen wiederum etliche dreißig folgten, alle in weißen Gewändern bis zum Knie, ähnlich dem Ordenskleid des Schiffskaplans. Laut rief der Spanier nach den Gefährten und setzte dadurch jenes seltsame Volk in eilige Flucht. Zurückgekehrt erzählte er dem Admiral das Ereignis, und dieser, der nach seinen Büchern derartige Menschen treffen musste, sandte Streifpartien aus, um die weißgekleideten Männer aufzustöbern. Aber nichts war zu entdecken, denn der Bogenschütze hatte eine Schar von Kranichen und Reihern aufgejagt und in dieser Aufregung wohl nicht genauer hingesehen, als er diese Vögel für weißgekleidete Männer hielt. Noch heute werden diese Vögel von den spanischen Kolonisten soldados genannt, weil sie, gegen den abendlichen Himmel betrachtet, wie Schildwachen aussehen.

Von Hispaniola fuhr Kolumbus auf die Fingerzeige der Eingeborenen hin an der kubanischen Küste vorüber, zunächst nach Jamaika, dem er den Namen S a n t i a g o gab. Von der wunderbaren Schönheit der Landschaft entzückt, verglich er diese Insel mit den Wohnungen der Seligen; leider traf er aber nirgends Spuren von Gold, so dass er sich von hier weg wieder nach der Südküste von Kuba wandte, wo er alsbald in einen Schwarm kleiner Inseln

Waldvegetation an Wasserläufen des Niederlandes.
Nach Tippenhauer „Haiti".

geriet, von denen paradiesische Wohlgerüche von Gewürzbäumen und prächtigen Blumen herüberwehten. Es war, als ob man beständig durch Rosenbüsche hindurchfahre. Er nannte sie daher G ä r t e n d e r K ö n i g i n und war erfreut, dass auch auf der Karte, die er bei sich führte, diese wunderbaren Inseln der Wohlgerüche angegeben waren, dem Festland von Asien vorgelagert. War nun die Küste, an der er jetzt hinfuhr, dieses Festland?

Mühsam wandte er sich mit seinen Schiffen durch die gefahrdrohenden Klippen und Riffe hindurch; wobei Sturm und tägliche Gewitter ihn verfolgten, so dass er, um nicht auf Untiefen zu geraten, keine Nacht zur Ruhe ging. Da die Insel Kuba die größte der Antillen ist – ihr Flächeninhalt ist beinahe achtmal so groß wie der von Sachsen – so dauerte die Küstenfahrt diesmal außerordentlich lange. Kolumbus war daher schließlich fest überzeugt, dass er, nach Durchschiffung des Insel-Archipels endlich an das Festland von Asien gekommen sei. Die Eingeborenen, die er fragte, wussten auch nichts Genaues anzugeben. Einige zuckten die Achseln, andere meinten, das Land sei eine Insel, doch könne er noch lange fahren, ehe er sie umsegle. Gegenüber der Insel de Pinos, die er E v a n g e l i s t a nannte, berechnete er, dass er schon 335 Leguas gefahren sei. Als nun hier die Küste

Bufch- und Waldvegetation an Hügeln.
Nach Tippenhauer „Haiti".

nach einigen Tagen nicht wie sonst immer nach Norden, sondern nach Süden abbog, versammelte Kolumbus das Schiffsvolk und verkündete ihnen, nach allem was er aus seinen Karten und der bisherigen Fahrt berechnen könne, sei er in Asien. Wer anderer Meinung sei, möge seinen Einwurf hören lassen, andernfalls solle er mit den anderen schwören, er habe das Festland von Asien gesehen. Würde er später seine Aussage widerrufen, so sollten die Offiziere mit 3 Dukaten und Verlust der Zunge, die Mannschaft mit Peitschenhieben bestraft werden.

Es war eine seltsame Fügung des Schicksals, dass Kolumbus seine Fahrt an der kubanischen Südküste plötzlich abbrach. Wäre er nur noch zwei

Tage weiter gesegelt, so hätte er die Westspitze Kubas erreicht und seine Inselnatur erkannt. Er hätte dann seine späteren Fahrten ganz anders gerichtet und wäre zweifellos nach Mexiko gekommen, um seine Entdeckung mit der Eroberung dieses an Silber so reichen Landes zu krönen. Leider verließ er sich zu sehr auf die Angaben seiner Bücher und Karten, wo er seinen eigenen Augen hätte trauen sollen.

Unter erneuten Stürmen, durch welche die Fahrzeuge leck gemacht wurden, setzte der Admiral seine beschwerliche Entdeckungsfahrt jetzt nach einer anderen Richtung fort, indes nötigte ihn der Mangel an Lebensmitteln bald zur Umkehr. Nachdem er Jamaika noch ganz umsegelt hatte, war es auch mit seiner Kraft zu Ende. Zweiunddreißig Nächte hatte er nicht geschlafen; dies und die steten Aufregungen übermannten seine sonst fast unbezwingbare Energie, Schwindel und Ohnmachtsanfälle überfielen ihn, und schließlich sank er in einen todesähnlichen Schlaf, aus dem keine Anstrengung ihn zu erwecken vermochte.

Die Mannschaft, die nicht wusste, ob ihr Admiral wieder aufwachen würde, richtete daher ihren Kurs um Hispaniola an der Südseite herum nach Isabella zurück, wo sie am 29. September 1494 eintrafen.

Hier erholte sich Kolumbus bald unter guter Pflege und es trug dazu nicht wenig das Gefühl der Freude bei, das er empfand, als er seinen Bruder B a r t h o l o m ä u s i n Isabella vorfand.

Bartholomäus war, noch ehe Kolumbus zu seiner ersten Fahrt aufbrach, nach England gegangen, um den König Heinrich für die Pläne seines Bruders zu begeistern und hatte auch wirklich aussichtsreiche Zusagen erhalten. Voller Freude reiste er nach Spanien, um diese willkommene Botschaft zu verkünden, allein er hörte nur, dass sein Bruder schon zu seiner Unternehmung abgereist sei. Er wurde indessen sehr wohlwollend empfangen, und da er ein angenehmer Mann von festem männlichen Auftreten, gewandter Rede und guten seemännischen Kenntnissen war, so wurde er beauftragt, seinem Bruder nach Haiti zu folgen und die erbetenen Vorräte und Hilfsmittel mitzunehmen. Er überbrachte auch Briefe der spanischen Monarchen, in denen sie den Entdecker in schmeichelhafter Weise ihrer ungeminderten Gunst versicherten.

Die Freude des Wiedersehens dauerte jedoch nicht lange; denn die Zustände, die Kolumbus in Isabella vorfand, versetzten ihn aufs Neue in die höchste Aufregung. Während seiner Abwesenheit war alles durcheinander gegangen; überall traf er Missstimmung, Unzufriedenheit und Aufruhr. Margarit, der in St. Thomas zurückgeblieben war, hatte dort in schrecklichster Weise gehaust; er ließ die Soldaten tun und lassen, was sie wollten, und

Cubanische Landschaft.

Die alte Brücke im Vordergrunde ist typisch für die von den Spaniern bei ihren älteren Bauwerken angewendete Konstruktion.

hatte dadurch die friedlichen Eingeborenen aufs tiefste erbittert. Dann war er, nach der Ankunft des Pater Bartholomäus mit einem anderen Unzufriedenen, dem Geistlichen Boil nach Spanien abgefahren, um dort Kolumbus anzuklagen. Hinter sich ließ er die Insel in fürchterlichem Aufruhr. Die Kaziken der verschiedenen Gegenden hatten sich verbündet, um die weißen Unterdrücker aus ihrem Land zu jagen. Überall standen ihre Heerhaufen; hunderttausend Indianer waren bereit, über die Spanier herzufallen unter dem Kommando Kaonabos, eines tapferen und verschlagenen Indianerhäuptlings.

Dazu erbot sich Alonso de Hojeda. Er wollte den gefürchteten Kaziken mitten aus seinen Kriegern herausholen, und er war, obwohl klein von Gestalt, auch wirklich der Mann dazu, ein solches Wagestück zu unternehmen. Von seinen vielen tollen Streichen erzählte man sich besonders zwei Proben seines unglaublichen Wagemutes. Als die Königin Isabella die Kathedrale in Sevilla besuchte, spazierte Hojeda in schwindelnder Höhe auf einem freistehenden Balken mit der Sicherheit eines Seiltänzers vor den Turm hinaus, und später zeigte er dem Hof seine unerhörte Kraft, indem er von unten aus eine Apfelsine bis zur Turmspitze hinaufwarf.

Er zog mit zehn verwegenen Kameraden mutig in die Residenz Kaonabos. Als ganz besonderes Geschenk hatte er eine blanke Bronzekette mit Handschellen bei sich, die beim Zusammenschlag wie das Glockengeläut der Kirche von Isabella klang, das die Neugier der Indianer ganz besonders erregte. Auf der ganzen Insel erzählte man sich von dem himmlischen Ding, das zu den Christen spreche. Hojeda trat nun untertänig vor Kaonabo, ließ die Glockenkette spielen und sagte, er sei beauftragt, dieses Geschenk zu überbringen, denn die Kaziken von Kastilien hätten auch solche Ketten und legten sie bei ihren Tänzen an. Bevor jedoch Kaonabo sich damit schmücke, solle er in einem Flüsschen, das etwa eine Stunde entfernt war, ein Bad nehmen, um dann auf Hojedas Pferd sitzend, in seine Residenz einzuziehen. Der arglose Indianer ließ sich täuschen und ging mit. Kaum hatte er die Kette angelegt und war auf Hojedas Pferd gestiegen, da setzte sich der kühne Ritter hinter ihn auf den Gaul, gab ihm die Sporen und sauste mit seinen Begleitern durch die Indianer durch und davon. Auf Umwegen erreichte er endlich halb verhungert Isabella mit seinem Gefangenen, der, gefesselt wie er war, in das Haus des Admirals geschafft wurde. Stolz und würdevoll trug er sein herbes Los. Nie erhob er sich, wenn Kolumbus eintrat, obwohl er sah, dass diesem von allen Spaniern mit Ehrfurcht begegnet wurde; nur wenn sein Bändiger, der kleine Hojeda eintrat, stand er auf; „denn nicht Kolumbus, sondern Hojeda habe es gewagt, ihn aus seinem Reich zu schleppen". Er wurde später mit nach Spanien geführt, starb aber auf der Überfahrt im Jahre 1496.

Die Entführung Kaonabos hatte aber die Indianer erst recht zur Rache entflammt; sie zogen unter der Führung seines Bruders gegen die Spanier heran, bewaffnet mit Keulen und hölzernen Schwertern und Spießen, die mit Fischgräten und Feuersteinen zugespitzt waren. Allein was wollten diese Waffen besagen gegen die wohlgerüsteten Spanier, mit denen Kolumbus am 25. März 1495 ihnen entgegen zog! Besonders die großen Bluthunde, die nach dem Losungswort Tomalo! auf die nackten Wilden losgingen, räumten fürchterlich unter den Indianern auf, die durch den Donner der Musketen, das Wiehern der Pferde und das Bellen der Hunde völlig außer Fassung gerieten und wie Rebhühner auseinander stoben. Dennoch dauerte der Kriegszug neun Monate und nicht sparsam floss das Blut bei der Verfolgung.

Die Insel war nun vollständig unterworfen, und Kolumbus legte ihren Einwohnern einen Tribut an Gold und Baumwolle auf. Es wurden Münzen geprägt, die jeder Tributpflichtige am Hals tragen musste, so wie bei uns die Hunde ihre Steuermarken. Hohe Strafe traf den, der ohne ein solches Zeichen gesehen wurde. Die Indianer hofften nun die Spanier dadurch los zu werden, dass sie alle Vorräte vernichteten und sich selbst in das Gebirge flüchteten. So würden, glaubten sie, die gefräßigen Europäer bald Hungers sterben. Sie fielen aber selbst in die Grube, die sie ihren Feinden gegraben hatten, denn die Hungerpest raffte Tausende von ihnen hinweg, während die Spanier von ihrer Heimat aus versorgt wurden.

Inzwischen hatten sich aber die Verhältnisse in Spanien sehr zu ungunsten des Kolumbus verändert. Margarit und Pater Boil hatten hier den Admiral verleumdet und die neu entdeckten Länder als sehr armselig geschildert; und in der Tat waren ja auch noch keine großen Schätze daher gebracht worden. Dazu fing Antonio de Torres, den Kolumbus nach Spanien gesandt hatte, an, seine Indianer als Sklaven zu verkaufen, worüber Isabella sehr erzürnt war. Sie befahl, den Verkauf augenblicklich einzustellen, bis sie Geistliche und Sachverständige zu Rate gezogen haben würde. Isabella war eine menschenfreundliche Frau und hielt den Sklavenhandel für ein nichtswürdiges Unternehmen, obwohl zu ihrer Zeit edle und gelehrte Männer anderer Meinung waren. So meinte z.B. ein Rechtsgelehrter, man könne die Indianer ruhig als Sklaven verkaufen, da sie ja Tabak rauchten und sich den Bart nicht so schnitten, wie die Spanier.

Um nun die Verhältnisse auf Hispaniola zu untersuchen, sandte die Königin einen Bevollmächtigten ab, Juan de Aguado, einen Günstling des Kolumbus, der sich aber, als er 1495 in Isabella angekommen war, so anmaßend benahm, dass sich das Gerücht verbreitete, es sei ein neuer Admiral erschienen, der den alten wegschaffen solle. Kolumbus hielt es daher für das Beste, nach Spanien zu gehen, um seine Sache selbst zu führen und die Missverständnisse aufzuklären. Auch hatte er gehört, dass es anderen Unternehmern erlaubt worden war, Schiffe auszurüsten, obwohl er sich allein dieses Vorrecht ausbedungen hatte.

Am 10. März 1496 fuhr er ab und nahm seinen Rückweg durch die karibischen Inseln, wo er beim Landen mit einem Pfeilregen empfangen wurde. Auch bekam er eines Tages einen Begriff von der Stärke der Karibenfrauen. Mit einer solchen hatte sich ein kräftiger Guanche, - so hießen die Bewohner der Kanarischen Inseln – aus seiner Schar in einen Ringkampf eingelassen, war aber unterlegen und würde ohne die Hilfe seiner Genossen von dem Weib erwürgt worden sein.

Um seine Reise recht schnell zu vollenden, steuerte er in gerader Richtung nach Spanien, jedoch eben dadurch verlängerte er sie nur, weil es in diesen Breiten unmöglich ist, wegen des Passatwindes, der ständig westlich weht, östlich zu fahren. Er hätte, was er aber eben damals noch nicht wusste, erst diese Region nördlich verlassen und dann nach Osten abbiegen müssen. So dauerte es drei Monate, und da er nicht genügend mit Lebensmitteln versehen war, wuchs die Not und Verzweiflung der Schiffsmannschaft mit jedem Tag, so dass sie schließlich auf den unmenschlichen Gedanken geriet, die an Bord befindlichen Indianer zu schlachten und zu verzehren oder wenigstens über Bord zu werfen, damit sie nicht mit gefüttert werden müssten. Nur mit Mühe gelang es Kolumbus, die Leute davon abzubringen, und glücklicherweise erschien schon am nächsten Tag die Küste von Spanien, wo er am 11. Juni in Cádiz landete.

Dritte Reise des Kolumbus

Der Empfang, der dem Entdecker diesmal von Seiten des Volkes bereitet wurde, war wesentlich kühler als das erste Mal. Der Reiz der Neuheit war verflogen, und obwohl Kolumbus bei seinem Zug an den königlichen Hof wiederum fremdländische Erzeugnisse und phantastisch aufgeputzte Indianer zur Schau stellte, von denen einer sogar eine goldene Halskette von hohem Wert trug, so wollte doch niemand mehr an den Reichtum der neu entdeckten Länder glauben. Überdies erzählten andere Reisende ganz verschiedene Dinge von jenen Gebieten, sie schilderten sie als arm und jämmerlich und von Krankheiten verseucht, wofür das elende Aussehen der Erzähler auch der beste Beweis zu sein schien, so dass man nicht selten den bitteren Scherz hörte, wer nach Westindien gehe, bringe mehr Gold auf dem Gesicht als in den Taschen zurück.

Trotz alledem wurde Kolumbus bei Hofe mit unverminderter Freundlichkeit empfangen, und besonders Isabella erkannte rückhaltlos die Verdienste des Entdeckers an, mit dessen ernstem leicht in Begeisterung aufloderndem Charakter ihr eigener viel Ähnlichkeit hatte. Als daher Kolumbus sich gegen die Anschuldigungen, die Pedro Margarit und Pater Boil vorgebracht hatten, verteidigte und bat, man möge nur Geduld haben, er werde seine Versprechungen schon erfüllen, lächelte sie gütig und versicherte, sie werde niemand Glauben schenken, der schlimm von seinem Unternehmen spreche. Zum Beweis dafür bestätigte sie ihm aufs Neue alle seine Vorrechte, erließ auf sein Verlangen ein Verbot, dass andere auf Entdeckungen auszögen, und war damit einverstanden, dass des Kolumbus Bruder Bartholomé den Titel Adelantado führe.

Zur Ausrüstung einer neuen Flotte konnte sie ihm freilich nicht so behilflich sein, wie sie es vielleicht selbst wünschte. Kolumbus war zu einer ungünstigen Zeit gekommen. Die Königin wollte eben ihre beiden Kinder vermählen und hatte daher wenig Zeit, sich um die Angelegenheiten des Admirals zu kümmern. Zum Unglück wurde Isabella 1497 durch den plötzlichen Tod ihres jungen hoffnungsvollen Sohnes in die tiefste Trauer versetzt und König Ferdinand in einen Krieg mit Frankreich verwickelt, der ihn so viel Geld kostete, dass man dem Kolumbus eine Summe von 6 Mill. Maravedis (155000 M) wieder wegnahm und ihm sagte, es sei eben ein

Schiff aus Hispaniola angekommen, das mit „Gold in Barren" befrachtet sei. Davon solle er seine Ausrüstung bestreiten. Dieses „Gold in Barren" waren aber, wie sich bald herausstellte, Karibensklaven, deren Verkauf von Isabella nicht geduldet wurde. Endlich, nach jahrelangem Bemühen, hatte er so viel Geld zusammen, dass er einige Schiffe ausrüsten konnte. Sobald als möglich sandte er nun zwei Frachtschiffe mit Lebensmitteln voraus, er selbst konnte nicht mitfahren, da sich zu wenig Mannschaft fand, denn die große Begeisterung von 1494 war vollständig verflogen.

Da kam Kolumbus auf einen Einfall, den er später bitter zu bereuen hatte; er schlug vor, die Verbrecher aus den Gefängnissen zu entlassen; König und Königin bewilligten dies auch, und so sah man denn Leute, denen wegen einer Übeltat nach der grausamen Sitte jener Zeit die Ohren abgeschnitten waren, als Kolonisten in die neue Welt ziehen. Es ist unbegreiflich, dass der Admiral, der doch schon mit Empörungen aufsässiger Männer zu kämpfen gehabt hatte, sich nicht selbst sagte, dass er durch solche gefährlichen Elemente die Schar der Empörer doch nur vermehre.

Noch mehr wurde die Abreise verzögert durch den Widerstand des Bischofs Fonseca, dem die Leitung des indischen Amts anvertraut war. Er war ohnehin kein Freund des Admirals, und seine Abneigung übertrug sich natürlich auch auf die Unterbeamten, so dass Kolumbus einst einen solchen, der ihm besonders Schwierigkeiten in den Weg legte, derb misshandelte. Diese Tat nahm ihm Isabella gewaltig übel; denn sie fasste jede Beleidigung eines ihrer Beamten so auf, als hätte man sie ihr selbst zugefügt.

Endlich, am 30. Mai 1498 ging Kolumbus in See, freilich nicht so stolz und fröhlich, wie das letzte Mal. Die fortwährenden Störungen seines Planes, die geringe Unterstützung, die er gefunden, hatte ihn tief verstimmt. Am 19. Juni erreichte er die Kanaren; hier trennte er sich von dreien seiner Schiffe und befahl ihnen, auf direktem Weg nach Isabella zu fahren, während er selbst mit einem großen und zwei kleineren Schiffen südwärts zu den Inseln des Grünen Vorgebirges, den so genannten Kapverdischen Inseln, segelte.

Er hatte sich nämlich vorgenommen, nach der Gegend des Erdgleichers zu fahren und in dieser, also der tropischen Zone, nach Westen zu segeln. Nach seinen Berechnungen musste er hier auf die Länder stoßen, wo nach der damals herrschenden Ansicht die schwarzen Menschen und die edlen Erzeugnisse ganz allein zu finden seien. Einer seiner Anhänger in Spanien, der Juwelenhändler Jaime Ferrer, hatte ihm in einem Brief, in dem er Kolumbus als einen Abgesandten Gottes anredete, geschrieben, er sei in Kairo und Damaskus gewesen. Dort habe er sich bei den arabischen Händlern erkundigt, woher sie ihre Edelsteine und ihr Gold bezögen. Sie hätten darauf geantwortet, aus den Ländern der schwarzen Menschen. Kolumbus könne also nicht eher hoffen, an dem rechten Land zu sein, bevor er nicht schwarze Menschen angetroffen habe.

Diese, meinte nun Kolumbus, gibt es nur in der heißen Zone; er fuhr also direkt nach Süden. Am Grünen Vorgebirge, das seinen Namen sehr mit Unrecht trägt, bog er südwestlich ab. Da plötzlich, am 13. Juli, spürte man keinen Windhauch mehr; die Segel hingen schlaff an den Masten und eine unerträgliche Sonnenglut bedrückte die Mannschaft. Niemand wagte unter das Verdeck zu gehen, wo bereits die Reifen von den Fässern sprangen und die Lebensmittel anfingen zu verderben. Das Schiff befand sich in der Gegend des Atlantischen Ozeans, die wir heute die Zone der äquatorialen Windstille nennen. Obgleich an den nächsten Tagen die Sonne von Nebel und Wolken verdeckt wurde, wich die Hitze nicht, und das Schiffsvolk geriet in helle Verzweiflung, da man glaubte, die Schiffe würden in Brand geraten. Kolumbus selbst lag von Schmerzen gefoltert an der Gicht danieder, die er durch die vielen Aufregungen und schlaflosen Nächte sich zugezogen hatte.

Nach acht Tagen dieser beunruhigenden Windstille kam das Schiff unter einen guten Ostwind, und nach einer Fahrt von 17 Tagen sah am 31. Juli ein Matrose, der zufällig in den Mastkorb gestiegen war, in der Ferne Land. Die Seefahrer begrüßten es mit unendlichem Jubel, wie Menschen, die dem Tod entronnen sind. Unter dem Gesang des Salve regina! näherten sie sich dem Land, das Kolumbus, der heiligen Dreieinigkeit zu Ehren, Trinidad nannte und bald als Insel erkannte.

Ein Hafen zum Anlaufen war nicht zu sehen, und daher fuhren die Schiffer an der Küste hin, wo man Häuser und schöne grüne Ländereien sah. Bald näherte sich auch ein Boot mit etwa 24 Indianern, alten und jungen, die mit Pfeil und Bogen und Schilden wohl bewaffnet waren. Um den Kopf trugen sie turbanartig gebundene Tücher. Sie waren schön gewachsen, hatten langes glattes Haar, an der Stirn verschnitten und waren zum großen Erstaunen des Kolumbus nicht schwarz, wie er gedacht, sondern im Gegenteil heller als alle Eingeborenen, die er bisher gesehen hatte. Er suchte sie an sein Schiff heranzulocken, und ließ zu diesem Zweck auf dem Verdeck des Schiffes nach dem Takt einer Trommel einen Tanz aufführen. Allein die Wilden verstanden das wahrscheinlich falsch, vielleicht im kriegerischen Sinn; denn kaum hatten sie es bemerkt, als sie die Ruder bei Seite legten und mit ihren Pfeilen zu schießen begannen, so dass man sie schließlich durch Büchsenschüsse verscheuchen musste. Sie wandten sich nach der anderen Karavelle und kletterten geschwind auf das Hinterdeck. Einem von diesen schenkte der Steuermann einen Überwurf und eine rote Mütze. Damit ruderten sie fort und verschwanden auf Nimmerwiedersehen.

An der Insel weiter nach Süden fahrend, vernahm man plötzlich einen fürchterlichen Lärm. Zugleich geriet das Schiff in heftige Strömungen, zwischen denen es hin und hergeworfen wurde, so dass Kolumbus sich nicht vorwärts noch rückwärts zu fahren getraute. Die Nacht war schon weit vorgerückt, da hörte der Admiral ein wahres Brüllen, das von der Seeseite gegen das Schiff kam. Dabei sah er, wie das Meer gleich einem vorwärts schreitenden Hügel, der so hoch wie das Fahrzeug war, sich mehr und mehr näherte. Hinter dieser Steigung des Meeres war eine Strömung, welche heulend sich herabstürzte. Kolumbus empfand, wie er selbst gesteht, ein gewaltiges Grauen, da er glaubte, die Gewässer würden das Fahrzeug überstürzen. Sie zogen aber vorüber und standen lange, turmgleich vor dem Kanal. Kolumbus befand sich nämlich an der Stelle des südamerikanischen Festlandes, wo der Orinoko seine gewaltigen Wassermassen in einem Delta in das Meer wälzt. Die Insel Trinidad liegt einigen dieser Mündungen gegenüber, und es entsteht so ein schmaler Kanal, in dem sich unter dem Druck der Wassermassen jene heftigen Strömungen bilden.

Glücklich passierten die Fahrzeuge diesen gefährlichen Weg und gelangten in einen Golf, dessen Wasser sich als trinkbar erwies; es waren dies eben die süßen Gewässer des Orinoko. An der Halbinsel, die den Golf im Norden abschloss, und die von den Eingeborenen P a r i a genannt wurde, landete der Admiral. Die Leute waren hochgewachsen, hatten angenehme Gesichter und lange glatte Haare. Sie fuhren auf langen Kähnen, in deren Mitte sich eine Art von Kajüte befand. Besonders erregten Perlen und Goldbleche, welche die Indianer trugen, die Aufmerksamkeit des Kolumbus, und auf die Frage woher sie diesen Schmuck bekämen, wiesen sie nach Norden. Gern hätte der Admiral hier länger verweilt, denn es schien ihm, als habe er die Gegend erreicht, wo nach der Meinung der damaligen Zeit das Paradies liegen sollte. „Der Garten Gottes", so schrieben die Gelehrten fast einstimmig, liegt auf einem hohen Berg, von dem vier Ströme mit großer Gewalt herabstürzen".

Die starken Strömungen, in die seine Schiffe geraten waren, hatten ihn auf diesen Gedanken gebracht. „Meine Beobachtungen", so schreibt er, „stimmen mit den Ansichten der Heiligen und gelehrten Theologen überein; ich glaube aber nicht, dass es möglich ist, ohne den Willen Gottes das Paradies zu besuchen, das nicht weit von hier liegt. Indessen darf man nicht glauben, dass es auf einem Berg gelegen sei; es ist die Welt hier im Westen überhaupt höher als im Osten; denn die Erde hat nicht kugel- sondern birnenförmige Gestalt. Ganz langsam und allmählich schwillt sie nach Westen hin an und nahe dem Äquator, im Nordpunkt des Morgenlandes, nähert sie sich am meisten dem Himmel. Die Milde des Klimas, die Veränderungen der Gestirne und die helle Farbe der Menschen, die in Afrika unter der gleichen Breite schwarz sind, ist eben dadurch erklärlich, dass dieser Teil der Welt höher liegt als Europa und Afrika. Ptolemäus und die anderen, die über die Welt geschrieben haben, kannten diesen Teil der Erde nicht, und so urteilten sie, die Welt sei eine Kugel. In der Tat aber ist sie geformt wie eine Birne."

Es erscheint uns rätselhaft, dass Kolumbus, der sonst mit so großem Scharfsinn über die von ihm neu beobachteten Erscheinungen sich äußerte, zu einer solch seltsamen, alle Begriffe verkehrenden Meinung kommen konnte. Man kann es höchstens dadurch erklären, dass seine mathematischen Vorkenntnisse doch nicht genügend waren, um seine von religiöser Schwärmerei beherrschte Phantasie vor solchen Verirrungen zu bewahren. Es passte ja vortrefflich zu seiner Überzeugung, dass Gott, der ihm die hehre Aufgabe vorbehalten habe, die heidnischen Völker zum Christentum zu bekehren, ihn auch an die Pforten des Paradieses führen würde.

In demselben Brief, in dem der Admiral diese sonderbare Lehre aufstellte, erklärte er ganz richtig die Strömungen bei der Insel Trinidad aus dem Zusammenprall der süßen Gewässer des Orinoko mit den Meeresströmungen und meint, dass die Insel dadurch vom Festland losgerissen sei. „Wenn aber", fügt er hinzu, „jener Fluss nicht vom Paradies kommen sollte, so entstammt er sicherlich einem großen Festland gegen Süden zu. Ich glaube, dass dieses Land, welches zu entdecken ich ausgezogen bin, ungeheuer groß ist, und dass es noch viele andere Länder im Süden gibt, von denen man noch niemals Kunde erhalten hat."

Warum hat er dieses Festland nicht genauer untersucht? Warum ist er nicht in die neue Welt getreten durch das Tor, das weit geöffnet vor ihm lag, als er mit seinen Schiffen vor der Mündung des Orinoko kreuzte? Es ist das tragische Geschick dieses großen Mannes, dass er zu sehr an die Bücher glaubte, die er gelesen hatte, zu sehr sich auf die Weltkarten der damaligen Zeit verließ, die nun einmal nichts von einem neuen Festland wissen wollten, das zwischen Europa und Asien vorhanden war. Wie eine großartige Ahnung blitzte es in seinem Geist auf, dass er, der ausgezogen war, um Asien zu suchen, an neuen Ländergebieten gelandet sei, von denen seine Zeit nichts wusste. Aber es war eben nur eine Ahnung. Hatte er schon auf der zweiten Reise an der Küste Cubas hinsegelnd, schließlich gemeint, er fahre längs des Randes von Asien hin, so kam er jetzt zu der Überzeugung, dass die Festlandsküste, vor der seine Schiffe kreuzten, die Fortsetzung jener Küste Asiens nach Süden sein müsse, und dass er also wirklich nach Indien gekommen sei.

Wahrscheinlich trieb ihn auch die Sorge um seine Kolonie Hispaniola vorwärts, von der man seit zwei Jahren nichts mehr gehört hatte. „Sollte es", bemerkte er in seinem Schiffsbuch, „doch ein Festland sein, so wird die gelehrte Welt tief darüber erstaunen". An demselben Tag, da er diese Worte schrieb, lenkte er seine Schiffe von dem geheimnisvollen Kontinent ab, fest entschlossen, wenn er seine Kolonie blühend antreffe, vom Adelantado das Festland genauer untersuchen zu lassen. Das Schicksal wollte es anders. – Zunächst hatte er große Schwierigkeiten, aus dem Golf wieder herauszukommen. Die Strömungen trieben die Schiffe, die nach Westen hin vorwärts wollten, wieder zurück, und unter fortwährenden Wirbeln an den Kanal, durch den sie hineingekommen waren. Dann wurden die Fahrzeuge vorwärts gerissen, wo sich zwischen Trinidad und dem Vorgebirge Paria eine gleich enge, von Wirbeln erfüllte Straße, öffnete, an deren Ausgang sich einige turmhohe Klippen befanden, um die das Wasser reißende Wirbel bildete. Glücklich entkamen diese Schiffe dieser Boca del Drago (Drachenschlund), wie Kolumbus die Straße nannte, und die starke Strömung trieb ihn mit großer Geschwindigkeit nordwärts. In fünf Tagen segelte er von dem südamerikanischen Kontinent nach Hispaniola, und die Strömung führte ihn sogar noch einige Meilen darüber hinaus, so dass er umkehren musste, um Domingo, die von Bartholomäus neu gegründete Stadt zu erreichen.

Hier hoffte er, sich zunächst einmal erholen zu können, denn heftige Gliederschmerzen plagten ihn, und er fürchtete, sich durch die Überanstrengungen wieder eine Erblindung zuzuziehen, von der er zeitweise heimgesucht wurde. Am 22. August begegnete er unterwegs seinem Bruder, dem Adelantado Bartholomäus, der den Schiffen entgegen fahren wollte, die Kolumbus bei den Kanaren abgesandt hatte und die eben eingetroffen waren. Was aber Bartholomäus seinem Bruder erzählen konnte, war nicht geeignet, den kranken Admiral zu erfreuen.

Zuständе auf Hispaniola

Als Kolumbus im Jahre 1496 Isabella verließ, hatte er seinen Brüdern Bartholomäus und Diego unbeschränkte Vollmachten hinterlassen; sie sollten tun, was sie für gut hielten. Besonders legte er ihnen ans Herz, auf der Westseite von Haiti – so nannten die Eingeborenen Hispaniola – eine neue Ansiedlung zu gründen. Bartholomäus machte sich nun auch sogleich nach der Abreise seines Bruders an die Ausführung dieses Auftrages. Während er damit beschäftigt war, wurde ihm von einem großen fruchtbaren Land Xaragua erzählt, das von einem König und Anakona, der schönen und klugen Witwe des Kaziken Kaonabo, beherrscht würde. Er beschloss, sofort dieses Reich aufzusuchen und wurde, als er hinkam, freundlich aufgenommen und feierlich in die Hauptstadt geleitet, die nicht weit von dem heutigen Port au Prince in einem herrlichen Tal an einem See lag. Hier verbrachte er einige Tage im Genuss der Gastfreundschaft des Geschwisterpaares, das ihn, den Sitten des Landes entsprechend, zu unterhalten suchte. Dreihundert indianische Mädchen führten einen Tanz vor den spanischen Gästen auf, während der Fürst selber mit seinen Kriegern ein Waffenspiel veranstaltete, bei dem es so hitzig herging, dass einige Tote vom Platz getragen wurden. Die indianischen Fürsten gingen in ihrer Freundlichkeit sogar so weit, ihm einen Tribut von Baumwolle und Feldfrüchten zu bewilligen, da es Gold an diesem Ort nicht gab.

Voll Freude kehrte Bartholomäus nach Isabella zurück, allein seine Fröhlichkeit verwandelte sich in Schrecken, als er fand, dass dreihundert Personen dem mörderischen Klima zum Opfer gefallen waren. Die Eingeborenen hatten sich glücklicherweise ruhig verhalten; sie zahlten ihren Tribut und ließen sich willig taufen. Besonders viele empfingen die Taufe von dem spanischen Mönch Fray Ramon Pane, der sich große Mühe mit ihnen gab und sogar in einem Jahr ihre Sprache gelernt hatte. Ihr neues Christentum war freilich sehr äußerlich; ihnen gefiel der feierliche Gottesdienst mit seinem Glockengeläut und Orgelspiel; viele wurden auch deshalb freiwillig Christen, weil sie sahen, dass sie dem Priester dadurch einen Gefallen erweisen konnten, und dazu waren sie immer gern bereit. Freilich hatten die Missionare nicht überall dieses Glück, besonders schlugen die Versuche, den Kaziken Guarionex zu bekehren, fehl, ja es wurde eine kleine Kapelle verbrannt und die Heiligtümer geschändet. Als die Täter ergriffen und verbrannt worden waren, brach ein Aufstand los, dessen Haupt Guarionex war. Vor Bartholomäus, der sofort energisch einschritt, flüchtete er sich zu einem befreundeten Häuptling Mayobanex, der trotz der Aufforderungen des Spaniers seinen Freund nicht auslieferte. Nun begab sich Bartholomäus mit 30 kühnen Genossen in das unwirtliche, schwer zugängliche Gebirge, wo die beiden Häuptlinge sich aufhielten, und spürte unermüdlich nach dem Versteck der beiden Indianer. Doch diese hatten vortreffliche Kundschafter, die ihnen die Ankunft der Spanier stets rechtzeitig meldeten. Durch einen Zufall wurden aber zwei solche Spione von einigen die Spanier begleitenden Indianern ergriffen und durch die Folter zum Verrat des Verstecks gezwungen, wo die beiden Kaziken sich aufhielten. Zwölf Spanier schlichen sich hierauf, am ganzen Körper nach Indianersitte schwarz bemalt und die Degen in Palmblätter gewickelt, in diesen Schlupfwinkel und ergriffen Mayobanex. Guarionex entkam, wurde aber später durch Verrat auch an die Spanier abgeliefert, und als die Führer verloren waren, hörte der Aufstand von selber auf. So waren die Indianer zur Ruhe gebracht; aber eine viel größere Gefahr drohte dem Adelantado in Isabella selbst. Man erzählte sich dort, Kolumbus sei bei Hof in Ungnade gefallen und werde überhaupt nicht zurückkehren. Bartholomäus aber führte ein sehr strenges Regiment und war, ebenso wie sein Bruder, als Fremdling, als Genuese, allgemein verhasst, besonders, als er einen angesehenen Spanier wegen seines rohen Benehmens gegen die Indianer hart bestraft hatte. Der Bestrafte selbst stellte sich an die Spitze der Unzufriedenen; es war ein Mann, der auf Empfehlung des Kolumbus in die Kolonie gesandt worden war, um hier Recht zu sprechen, der Oberrichter R o l d a n . Um ihm die Rückfahrt nach Spanien abzuschneiden, ließ Diego Colon das letzte Schiff auf den Strand ziehen. Sofort brach ein wüster Tumult los, die Waffenkammer wurde geplündert, das Zuchtvieh geschlachtet und den Eingeborenen wurde gesagt, sie brauchten keine Steuern mehr zu zahlen. Als Bartholomäus, der sich gerade auf einem Zug gegen die Indianer befand, davon hörte, kehrte er sofort zurück und jagte Roldan aus der Stadt. Dieser zog mit seinen Genossen in den fruchtbaren Landstrich von Xaragua, nach dem Schönen Bega Real, dem Königsgau, einem der herrlichsten Striche der Insel, wo sie ein ausschweifendes Leben führten. Sie raubten indianische Frauen, hielten sich einen Schwarm von Indianern zur Bedienung und bedrückten die Indianer mit harten Tributen. In ihrem Übermut verübten sie unerhörte Grausamkeiten; sie wählten Indianer als Zielscheiben beim Armbrustschießen und versuchten die Schärfe ihrer Degen an dem Leib ihrer Untergebenen.

Als Ende Juli die drei vorausgesandten Schiffe vor Isabella eintrafen, da warteten am Strand schon einige jener Aufrührer, um von den Ankommenden so viel wie möglich auf ihre Seite zu ziehen. Das wurde ihnen nicht schwer bei denen, die schon in Spanien mit den Gesetzen in Konflikt gekommen waren, so dass der Kapitän schleunigst nach der Westseite der Insel, nach Santo Domingo fuhr, um mit den Überbleibenden vor Roldans Verführern sicher zu sein. An demselben Tag, wo er dort eintraf, konnte er sich mit Bartholomäus und Kolumbus vereinigen, die auch am 31. August in Santo Domingo anlangten.

Der Admiral übernahm nun selbst wieder den Oberbefehl und suchte vor allem sich mit den aufständischen Spaniern zu verständigen. Allein er hatte wenig Erfolg; die Leute verlangten, er solle ihnen erst den rückständigen Sold bezahlen, und da Kolumbus alles bloß kein Geld hatte, so kündigten sie ihm den Gehorsam auf. Was sollte Kolumbus tun? Mit Gewalt gegen die Empörer vorzugehen, war unmöglich, da nicht siebzig Treue zu ihm hielten. So kam er auf den Gedanken, die Unzufriedenen nach Spanien zurückzuschicken. Er musste ohnehin fünf Schiffe, die von den Besitzern nur zur Überfahrt vermietet waren, zurücksenden. Nun entstand die neue Frage, womit er die Schiffe befrachten solle? Es war nichts vorhanden, besonders kein Gold, und daher belud er sie wieder mit Sklaven und Holz, schickte auch einige Perlen, die er in Paria eingetauscht hatte, sowie 170 Goldkörner und eine Karte der neu entdeckten Länder mit. Das war freilich nicht viel, und er musste in seinem Brief die spanischen Herrscher wieder vertrösten. Dringend bat er, die Majestäten möchten doch einen Geistlichen und einen Richter senden, um die verwilderten Spanier zur Ordnung zu bringen. Er beschrieb das wüste Leben, das diese Leute führten, und meinte, in heftig aufloderndem Zorn, es müsse, wenn alles nichts helfe, eben Gewalt gegen diese Räuber und Landstreicher, Diebe und Schurken angewendet werden. Diese Äußerung hat ihm in Spanien viele Feinde gemacht, denn sie klang ganz so, wie man von Kolumbus sagte, hart und grausam.

Aber mit demselben Fahrzeug, das den Brief des Kolumbus nach Spanien beförderte, sandten auch Roldan und Genossen ihre Anklageschreiben mit, und sie waren in einem Ton verfasst, der alle Schilderungen des Admirals in den Schatten stellte.

Leider war gerade der nicht mitgefahren, den Kolumbus am liebsten los sein wollte, Roldan. Höhnisch verlachte er alle gütigen Vorschläge des Admirals und verlangte seinen Sold, große Ländereien für sich und seine Genossen und Ausstellung guter Zeugnisse. Das letztere war wohl die stärkste Zumutung, es war geradezu eine Verhöhnung des Admirals. Kolumbus wusste sich keinen Rat; er konnte der Rebellen nicht Herr werden und wollte Ruhe haben um jeden Preis. Er unterzeichnete daher die schimpflichen Forderungen, allerdings, um den Vertrag bei nächster Gelegenheit zu brechen, da er eine erzwungene Kapitulation für ungültig hielt. Aber er hatte doch vorläufig Ruhe; 15 Rebellen fuhren nach Spanien zurück, die übrigen, hundert an der Zahl, erhielten große Ländereien und Erlaubnisscheine zum Goldgraben, die Kolumbus freilich nur mit schwerem Herzen erteilte, denn er hatte eigentlich das Gold für sich und den König reserviert. Die Spanier lebten nun wie die großen Herren und ließen die Indianer arbeiten. Mit eiserner Strenge zwangen sie ihre Untergebenen, das Feld zu bestellen und auf die Jagd zu gehen, während Frauen und Töchter als Köchinnen und Wäscherinnen dienten und die kräftigen jungen Männer die weißen Kaziken, die faul in den Hängematten lagen, durch das Land trugen.

Die ungesunde Ansiedlung Isabella wurde von Kolumbus endlich ganz aufgegeben und bald von allen sorgfältig gemieden, weil es der Aberglaube mit Gespenstern bevölkerte. Einst wollte nämlich ein Kolonist zwischen den ausgestorbenen Häusern am hellen Tag auf zwei Reihen Spanier gestoßen sein, alle zierlich aufgeputzt und den Degen um den Leib geschnallt. Verwundert hatte er sie angesprochen, sie aber griffen lautlos zum Gruß an ihre Federhüte, hoben mit ihnen zugleich die Schädel von den Schultern und huschten hinweg. Heute ist die ehemalige Stadt Isabella mit Wald bedeckt. Ein Forscher, der sie in neuerer Zeit besuchte, entdeckte nur noch einige Steinpfeiler der Kirche, etliche Reste der Vorratshäuser und Trümmer der kleinen Schanze. Alles zog sich von Isabella zu der neuen Ansiedlung Santo Domingo, die von Bartholomäus an der Südseite gegründet war. Sie lag an der Mündung eines kleinen Flüsschens, des Ozama, und hatte ein sehr gesundes Klima. Noch heute ist dieser Platz einer der Hauptorte der dominikanischen Republik auf Haiti.

Inzwischen waren die Briefe des Kolumbus sowohl als auch der Rebellen in Spanien zur Kenntnis der Königin gelangt, vor der alsbald eine Schar von Anklägern gegen den Admiral auftrat. Besonders die Männer, die enttäuscht und zum Teil mit zerrütteter Gesundheit zurückgekehrt waren, schmähten den König und seinen Admiral. Sobald sich nur Ferdinand sehen ließ, riefen sie mit lauter Stimme, der König solle ihnen ihren Sold bezahlen, und als einst Isabella mit ihren Pagen, den beiden Söhnen des Kolumbus, sich zeigte, wiesen die Zudringlichen mit den Fingern auf sie und riefen: „Seht die Püppchen, die Söhne des Admirals, der die Länder des Trugs und der Trübsal, den Kirchhof kastilischer Edelleute, entdeckt hat!" Andere wieder klagten ihn der Härte und Grausamkeit an; sie wiesen auf den Brief hin, den Isabella empfangen hatte, und erklärten es für eine Schande, dass ein Fremdling sich solches gegen die edlen Spanier erlaube. Habsüchtig sei er nur darauf bedacht, alles selbst einzuheimsen, anderen gönne er nichts, ja es scheine, als wolle er auch den Anteil des Königs unterschlagen. Denn es sei noch kein Gold eingetroffen, obwohl man auf Hispaniola täglich genug ausgrabe.

Wenn nun Isabella in ihrer freundlichen Gesinnung gegen den Admiral auch diese Anschuldigungen nicht glaubte, so war sie doch wirklich gegen ihn aufgebracht, als sie hörte, dass Kolumbus schon wieder eine Ladung

Ozamamündung.

Sklaven gesandt habe; besonders als man ihr sagte, es befänden sich darunter auch zarte Mädchen und Töchter von Kaziken. Sie selbst befahl augenblicklich, die Indianer wieder in ihre Heimat zu senden und rief aus: „Wer hat meinen Admiral ermächtigt, auf solche Weise mit meinen Untertanen zu verfahren?" Sie sah ein, dass es ein Fehler gewesen sei, den Kolumbus zum Vizekönig zu machen, da er sich offenbar dazu nicht eigne. Er verstand es nicht, die Spanier für sich zu gewinnen und selbst unter den größten Drangsalen Manneszucht zu halten; außerdem war er ein Fremder unter den Spaniern, ein Fehler, den sie ihm nie verzeihen konnten. Als das beste Zeichen für seine Unfähigkeit konnte die Königin es ansehen, dass er selbst um Absendung eines Schiedsrichters gebeten hatte.

Für diese schwierige Aufgabe wählte Isabella nun aber einen Mann, der dazu ebenso wenig passte, wie Kolumbus zu dem Amt eines Vizekönigs; es war Francisco de B o b a d i l l a , ein ungestümer Ritter, der als echter Spanier für Kolumbus natürlich kein gerechter Richter sein konnte. Er erhielt die weitestgehenden Vollmachten, wodurch Kolumbus und seinem Bruder alle Macht vollständig genommen wurde; die bedenklichste Befugnis aber war, dass er Personen jeden Ranges aus der Kolonie entfernen durfte, wenn er dies für nötig hielt. In einem Schreiben teilte die Königin Kolumbus mit, dass Bobadilla komme, um ihm im Namen des Königs gewisse Dinge zu sagen; er haben seinen Weisungen unbedingt Folge zu leisten. Angeredet war er in diesem Brief nur mit dem Titel Admiral, nicht wie sonst, Admiral und Vizekönig. Kolumbus war also dieser Würde enthoben.

Im Juni 1500 fuhr Bobadilla ab, zu der Zeit, als Kolumbus von Hispaniola sich nach Spanien einschiffen wollte. Neue Streitigkeiten hinderten ihn aber daran. Diesmal war er mit unerbittlicher Strenge vorgegangen, gleichsam als wollte er nachholen, was er früher versäumt hatte. Einen hatte er vom Turm des Gefängnisses herabstürzen lassen, sechzehn andere saßen in Haft und harrten ihrer Verurteilung, etliche waren schon durch den Strang hingerichtet worden. Da kam Bobadilla an und sah, als er den Fluss hinauffuhr, die Verbrecher noch an den Galgen hängen, und das war ihm natürlich ein willkommener Anlass, Kolumbus der Grausamkeit zu beschuldigen. Die Nacht über blieb er noch auf seinem Schiff, am nächsten Morgen aber zog er in feierlicher Prozession in die Kirche und verlas seine Vollmachten. Da Kolumbus selbst gerade abwesend war, so wollte sein Bruder Diego sich den Anordnungen Bobadillos, der die Freilassung der Gefangenen verlangte, nicht fügen, so dass der neue Statthalter sich mit Gewalt Eingang in das Haus des Admirals verschaffte. Hier nahm er ohne weiteres Quartier und legte alle vorgefundenen Kleinodien und Kostbarkeiten unter Siegel, sogar der Briefschaften bemächtigte er sich.

Kolumbus wollte dies anfangs nicht glauben, als man es ihm erzählte, doch als er in Santo Domingo ankam, las er die Beglaubigungsschriften Bobadillas und es wurde ihm zur Gewissheit, dass seine Absetzung beschlossen war. Er suchte sich nun mit dem neuen Statthalter ins Einvernehmen zu setzen, allein dieser befahl, ohne ihn überhaupt vorher zu sprechen, den Admiral in Ketten zu legen. Obwohl keiner für den unglücklichen Mann eintrat, so fand sich doch niemand, der ihm die Ketten anlegen wollte; bis es endlich des Kolumbus eigener Mundkoch fertig brachte. Dasselbe Schicksal ereilte Bartholomäus und Diego. Der Admiral war vollständig gebrochen; dass ihm so etwas geschehen könnte, hatte er nicht für möglich gehalten. Sein Leben hatte er im Dienst der spanischen Könige aufgeopfert und jetzt behandelte man ihn als gemeinen Verbrecher! Wofür er diese Behandlung erleiden sollte, fragte er sich vergeblich und in seiner Verzweiflung fürchtete er sogar um sein Leben. Der Ritter, dem er übergeben wurde, Alonso de Ballejo, ein Edelmann vom Scheitel bis zur Sohle, beruhigte ihn indes darüber und Kolumbus atmete erleichtert auf. Ballejo wollte ihm sogar die Ketten abnehmen, allein der Admiral litt es nicht, denn, sagte er, die Monarchen allein seien befugt, ihm die Ketten abzunehmen, die sie ihm zugedacht hätten. Während der Überfahrt nach Spanien schrieb Kolumbus an eine seiner Gönnerinnen bei Hofe, die Amme des Prinzen Juan, Juana de la Torre. In diesem Brief machte er seiner Verzweiflung und seinem Unmut in lauten Klagen Luft und beschuldigte die spanische Königin der Undankbarkeit. Kein Seeräuber habe, meinte er, je einen Kauffahrer so schmachvoll behandelt, wie Bobadilla ihn. „Was mir am peinlichsten ist", heißt es am Schluss, „ist, dass Bobadilla sich meiner Papiere bemächtigt hat, und gerade die Papiere, die mich in den Stand setzen werden, mich zu verteidigen, hält er am meisten verborgen. Seht welch ein ehrlicher gerechter Untersuchungsrichter er ist! Aber Gott, unser Herr, bleibt mit seiner Macht und Weisheit, wie bisher und straft besonders die Undankbaren. Hätte ich Indien an die Ungläubigen verschenkt, Spanien könnte mich nicht feindseliger behandeln."

Mit diesem Brief und einem Schreiben an Isabella sandte er einen Getreuen voraus, ehe noch die Berichte des Bobadilla an den Hof zu Granada gelangten. Isabella war über die Nachricht von der unwürdigen Behandlung des Kolumbus bestürzt; dass Bobadilla seine Vollmacht in dieser Weise missbrauchen werde, hatte man nicht erwartet. Sie fühlte, dass ihre königliche Ehre durch diese Tat befleckt worden sei. Eilig wurde ein Kurier abgesandt, der den Befehl überbrachte, den Entdecker augenblicklich in Freiheit zu setzen. Zugleich übergab er eine Summe von 2000 Dukaten, damit Kolumbus anständig bei Hofe erscheinen könne.

Als er vor die Königin trat, warf der Admiral sich weinend den Monarchen zu Füßen, und es dauerte eine Zeit lang, bis er sich wieder gefasst hatte. Dann verteidigte er sich gegen alle Anschuldigungen, und Isabella, völlig von seiner Unschuld überzeugt, gab sich alle Mühe, ihn zu beruhigen. Sie sagte, dass sie mit Bobadillas eigenmächtiger Handlungsweise nicht einverstanden sei, und um dies zu beweisen, wurde der Statthalter sofort seines Amtes enthoben.

Wenn Kolumbus aber glaubte, er werde nun wieder in seine Würde als Vizekönig eingesetzt, so hatte er sich geirrt. Das Vertrauen in sein Geschick, eine Kolonie zu verwalten, war zu sehr erschüttert, und darin hatten die spanischen Herrscher ganz gewiss Recht. Ein Mann, der selbst vorschlug, Kolonien mit Verbrechern zu bevölkern, der Männer, wie Roldan, erst zu Richterämtern empfahl und sie dann als seine Feinde verklagte, der noch dazu wegen seiner italienischen Herkunft den Spaniern unsympathisch war, durfte auf einem solchen Posten nicht verbleiben. Man sagte ihm das natürlich nicht, aber man gab es ihm deutlich zu verstehen, indem ein anderer Mann, der Alkantararitter N i k o l a s   d e   O v a n d o erwählt wurde, Bobadilla zu ersetzen. Ovando, ein Mann von untersetzter Gestalt mit rotblondem Bart, war bekannt als bescheiden und leutselig, als Mann von Ehrbarkeit und guten Sitten und seinem Gefühl für Recht und Unrecht. Er erhielt also den Auftrag, gegen Bobadilla eine Untersuchung einzuleiten, Ordnung in die verwirrten Zustände auf Hispaniola zu bringen und vor allem die unnötigen Grausamkeiten gegen die Indianer zu verbieten. Es sollten die Eingeborenen in Zukunft nur für den königlichen Dienst herangezogen werden und, da die Ansiedler, die das Klima der neuen Welt nicht gut ertrugen, zur Bebauung ihrer Ländereien ohne Sklaven nun einmal nicht auskommen konnten, so sollte es erlaubt sein, Negersklaven auf Haiti einzuführen, die man von den Portugiesen kaufte. Merkwürdige Maßregel, ein Volk aus der Sklaverei zu befreien, um ein anderes dafür zu bestimmen! Doch begründete man dieses Vorgehen damit, dass die Neger eine viel kräftigere Körperkonstitution hätten als die schwächlicheren Indianer, und Grausamkeiten sollten, wie es in dem Gesetz hieß, auch gegen die Schwarzen verboten sein. Das war nun sicherlich ganz gut gemeint, in Wirklichkeit sah es aber ganz anders aus. Es wurden nach wie vor Indianer verwendet und weder sie noch die Neger erfreuten sich einer milden, humanen Behandlung. Alle Vorschriften und Dekrete der Regierung nützten nichts; binnen wenigen Jahren waren infolge der unmenschlichen Sklavenjagden die Lukayischen Inseln, wo Kolumbus zuerst gelandet war, bis auf zwölf Menschen entvölkert.

Ovando hatte außerdem den Auftrag, die Habe, die Bobadilla dem Kolumbus und seinen Brüdern weggenommen hatte, den früheren Besitzern wieder zu verschaffen. Es war ein stattliches Geschwader, mit dem Ovando am 13. Februar 1502 ausfuhr: 32 Fahrzeuge mit 2500 Personen. Ein solches hatte Kolumbus nie befehligt; wie weh mochte es ihm tun, wenn er darüber nachdachte! Was mag er wohl empfunden haben, als er hörte, dass acht Tage nach dem Auslaufen des Geschwaders ein fürchterlicher Sturm die Fahrzeuge auseinander jagte und eins von ihnen mit 120 Auswanderern versank? An allen spanischen Hafenplätzen fand man Trümmer von Schiffen, so dass man am Hof glaubte, die ganze Flotte sei untergegangen und die spanischen Monarchen vor Trauer sich acht Tage lang niemand zeigten.

Die Schiffe vereinigten sich indessen bei den Kanarischen Inseln wieder, und am 15. April landete Ovando auf Hispaniola und eröffnete sofort die Untersuchung gegen Bobadilla und die übrigen Aufrührer.

Die Entziehung der vizeköniglichen Würde war indessen nicht der einzige Kummer des Kolumbus. Mehr und mehr kam es ihm zum Bewusstsein, dass sein Stern im Sinken begriffen war. Die Karte, die er 1498 nach Spanien gesandt hatte und die nach dem Versprechen der Königin niemand zu Gesicht bekommen sollte, war in den Händen Fonsecas, des Leiters der indischen Angelegenheiten geblieben, und dieser hatte sie doch anderen gezeigt. Trotz des königlichen Verbotes zogen nun auch andere auf Entdeckungsfahrten aus. Es waren meist Männer, die mit Kolumbus gefahren und seine Untergebenen gewesen waren; nun traten sie als Mitbewerber auf und gingen, wie ein Geschichtschreiber sagt, aus, den Knäuel zu suchen, zu dem ihnen der Admiral die Fäden in die Hand gegeben hatte.

Das Bitterste aber war, dass diese so genannten kleinen Entdecker von mehr Glück begünstigt waren, als Kolumbus. So kehrte Mitte Juni 1500 Hojeda zurück. Er war vor der Mündung des Amazonenstroms gewesen und dann nach Norden gefahren, wobei er auf vielen Inseln Gold und Perlen eingetauscht hatte. Er brachte auch die Nachricht mit, dass Kuba eine Insel sei, nicht, wie Kolumbus vermutete, ein Teil des asiatischen Festlandes, fand aber damit zunächst keinen Glauben. Ebenso landete Alonso Niño mit einer reichen Ladung von Perlen, nicht viel später auch Yañez Pinzon, der auf der ersten Reise des Kolumbus die „Nina" befehligt hatte; ihre Berichte lauteten in manchem anders, als die des Kolumbus, und seine Feinde benutzten das natürlich, um den Admiral als einen Großsprecher hinzustellen, der mehr versprochen habe, als er halten könne. Sie konnten dabei auf die Portugiesen verweisen, die eben um jene Zeit bei ihren Fahrten um Afrika herum wirklich nach Indien gekommen waren. Denn am 10. Juli 1499 landete in Lissabon Vasco de Gama. Er kam von Kalikut auf der malabarischen Halbinsel diesseits des Ganges; eben daher brachte Cabral eine reiche Ladung Pfeffer. Was diese beiden erzählten, hörte sich ganz anders an als die Berichte des Kolumbus und derer, die an seinen Reisen teilgenommen hatten. Große, reiche Städte mit schimmernden Palästen, Fürsten in edelsteinprangenden Gewändern, umgeben von Tausenden wohlgerüsteter Krieger, große Häfen von Schiffen belebt hatten sie gesehen; sie hatten die Araber getroffen, von denen die Venezianer das ganze Mittelalter hindurch Gewürze und Juwelen einhandelten. Kein Zweifel, sie waren wirklich nach Indien gekommen, so war dieses Land in den Reisebeschreibungen der damaligen Zeit geschildert, die Portugiesen hatten den Seeweg zu den viel gepriesenen Reichtümern gefunden.

Und Kolumbus? Mit Recht konnte man ihn fragen, wo in seinem Indien diese von Menschen wimmelnden Städte seien, wo die hoch entwickelten gewerbefleißigen Völker? Kannten doch die Indianerstämme, denen er bis dahin begegnet war, nicht einmal das Pferd! Armselig lebten sie in Hütten, ihr Dasein mit Wurzeln und Früchten dahin fristend. Aber der Entdecker hielt hartnäckig an seiner Meinung fest. „Die Völker", sagte er, „die ich angetroffen habe, gleichen unseren Beschreibungen von den Asiaten, und wenn ich bei ihnen keine Pferde mit goldenen Zügeln und Sattelzeug angetroffen habe, so ist dies kein Wunder; denn wozu wären in den Gestadelandschaften Fischersleuten solche Tiere nützlich?"

Ganz und gar konnte er sich indessen doch nicht über die Berichte jener Entdecker hinwegsetzen; freilich, dass Kuba eine Insel sei, wie Hojeda behauptete, glaubte er nicht, er hielt es nach wie vor für China, Hispaniola für Japan: in beiden Annahmen wurde er noch bestärkt durch falsche Deutung der Namen, die ihm die Eingeborenen genannt hatten. In Kuba hatten die Indianer die westlichen Provinzen Mango genannt; Kolumbus deutete es um in Mangi, weil auf den Karten eine Provinz Chinas diesen Namen trug; auf Hispaniola hieß die goldreiche Landschaft Cibao, woraus Kolumbus Zipangu machte. Er änderte seine Meinung aber dahin, dass er in die Nähe der Insel Trinidad und des Drachenschlundes eine Meerenge verlegte, wozu ihn wahrscheinlich die heftigen Strömungen veranlassten. Er glaubte nun, dass er nach Westen hin eine Durchfahrt zwischen der bei Kuba beginnenden Küste und dem Festland von Paria finden und dann direkt nach Indien zum Ganges kommen werde. Hier, so folgerte er, werde er dann mit den Portugiesen zusammentreffen. Diese Durchfahrt zu suchen, sollte die Aufgabe einer vierten Reise sein, zu der er sich erbot, nachdem er vergeblich auf seine Wiedereinsetzung als Vizekönig gewartet hatte.

Letzte Fahrt des Kolumbus

Kolumbus besaß selbst keine Mittel, um auf eigene Kosten Schiffe auszurüsten, noch immer war er ein armer Mann. Voll Bitterkeit schrieb er an die Königin: „So groß ist mein Glück, dass Jahrzehnte treuen Dienstes inmitten der gefährlichsten Arbeiten und Erschöpfungen mir nicht so viel eingebracht haben, dass ich in Kastilien das Geringste besäße, und dass, wenn ich essen oder rasten will, ich es nur im Gasthaus oder der Weinschenke kann, meist fehlt mir sogar diese Hilfsquelle, weil ich nicht soviel besitze, dass ich die Zeche bezahlen könnte." Was er in Hispaniola an Gold erworben hatte, war von Bobadilla konfisziert und noch nicht zurückgeschickt worden. Seine Träume von Schätzen waren nicht in Erfüllung gegangen, weder für ihn, noch für die, denen er sie versprochen hatte, für die spanischen Monarchen.

Er erhielt jedoch vier kleine Schiffe, und am 9. Mai 1502 ging er von Cádiz aus in See, zu seiner letzten Fahrt. Zuvor hatte er von seinen Verträgen mit der spanischen Krone beglaubigte Abschriften nehmen lassen und sie in der Bank von Genua niedergelegt, damit ihm, der so viele Widersacher hatte, seine Rechte nicht geschmälert werden könnten. Wie gewöhnlich ging es erst zu den Kanaren, wo Holz und Wasser aufgenommen wurden. Dann erreichte er in rascher Überfahrt Martinique. Von hier zog es ihn nach St. Domingo. Auf seine Frage, ob er dort anlegen dürfe, hatten ihm die Majestäten abgeraten mit der Begründung, dass er damit zu viel Zeit verliere. In Wirklichkeit aber wollten sie nicht, dass Kolumbus zu der Insel gehe, weil sie befürchteten, es würden dadurch nur neue Wirren entstehen. Der Admiral konnte es aber doch nicht über sich bringen, den Besuch zu unterlassen. Es drängte ihn, sich denen, die ihn in Ketten hatten abfahren sehen, an der Spitze eines neuen Geschwaders zu zeigen, ihnen zu beweisen, dass er noch immer die Gnade der Königin besitze. Als er vor St. Domingo erschien, sah er eine stattliche Flotte im Hafen liegen, bereit, nach Spanien abzufahren. Es befanden sich auf diesen Schiffen die verhafteten Empörer, sowie Roldan und Bobadilla, die nach Spanien zur Verurteilung gebracht werden sollten. Auch mit 200000 Pesos in Gold waren die Fahrzeuge befrachtet, dabei das Vermögen des Admirals, 40000 Pesos.

Ovando begrüßte Kolumbus kalt aber höflich; verweigerte ihm jedoch die Landung. Der Admiral war darüber sehr aufgebracht, denn deshalb war er ja eben gekommen. Sein Zorn nützte ihm indessen nichts. Er bat nun, Ovando möchte ihm wenigstens für einen Tag den Aufenthalt im Hafen gestatten. Er habe berechnet, dass in den nächsten Tagen ein Sturm losbrechen werde; vor diesem wollte er Schutz suchen. Auch dies erlaubte der Statthalter nicht. Kolumbus musste daher, durch diese Zurückweisung tief gedemütigt, abziehen. Beim Scheiden warnte er Ovando, die Schiffe am nächsten Tag auslaufen zu lassen, sie würden sonst im Orkan untergehen. Dieser wohlgemeinte Rat wurde nicht beachtet; und als nun der prophezeite Sturm wirklich losbrach, wurde die Flotte vernichtet; Roldan und Bobadilla fanden ihren Tod in den Wellen. Nur ein kleines gebrechliches Fahrzeug entrann dem Verderben wie durch ein Wunder. Merkwürdigerweise war es gerade das, worauf sich das Gold und die Papiere des Kolumbus fanden. In seinem frommen Sinn sah der Admiral darin ein Strafgericht Gottes; der Höchste selbst habe seine Widersacher gerichtet und seine Unschuld dargetan.

Kolumbus hatte sich mit seinen Fahrzeugen in einen kleinen Hafen gerettet und den Sturm glücklich überstanden. Zwar wurden sie voneinander getrennt und Kolumbus schwebte in größter Angst, sie möchten untergegangen sein, am nächsten Morgen konnte er sich aber wieder mit ihnen vereinigen. Er fuhr nun an Jamaika vorüber und erblickte nach einigen Tagen im Golf von Honduras die kleine Insel Guanaja, die mit prächtigem Nadelwald bestanden war, und die er deshalb I s l a d e P i n o s, Fichten insel, nannte. Da man keine Kostbarkeiten fand, so wollte man eben die Fahrt fortsetzen, als sich ein indianisches Schiff, größer als man bisher gesehen, zeigte. Unter einer aus Blättern gebauten Kajüte saßen wohlgekleidete Männer, Kinder und Frauen, die, als die Spanier sie erblickten, schamhaft das Haupt verhüllten; sie führten allerhand Waren mit sich, Baumwollgewänder, Schürzen, Messingklingeln und hölzerne Schwerter, die eine Schneide aus scharfgeschliffenem Stein besaßen. Kolumbus staunte über diese Zeichen von Kunstfertigkeit und Gewerbefleiß; auf seine Frage, woher sie kämen, nannten sie das Land der Maya, das heutige Yukatan.

Wieder befand sich Kolumbus in unmittelbarer Nähe des mittelamerikanischen Festlandes. Hätte er sich von diesen Leuten den Weg zu ihrem Land zeigen lassen, so wäre er nach Mexiko gekommen, aber da er ja eine Durchfahrt suchen wollte und außerdem die Indianer auf die Frage, ob sie ein Land reich an Gold wüssten, nach Südosten zeigten, so bog Kolumbus in dieser Richtung ab. Vielleicht hatten sie ihn absichtlich dahin gewiesen, um ihn so von ihrem Land abzuhalten.

Indem Kolumbus nun in dieser Richtung segelte, kam er an die Küste von Mittelamerika, die heute Moskitoküste heißt; er fuhr an ihr 14 Tage lang

Strandansicht von Martinique.

fortwährend mit widrigem Wind und Strömungen kämpfend hin. Dann und wann landete er und traf auf verschiedene Völkerschaften, die im Vergleich mit den Händlern von Yukatan auf einer sehr niedrigen Kulturstufe standen. Die meisten gingen unbekleidet, aßen rohes Fleisch und Fische ohne jede Zubereitung und trugen in den Ohrläppchen große Holzpflöcke, wodurch die Ohren unförmig ausgedehnt wurden. Die Haut war mit Bildern von Tieren aller Art bemalt und die Gesichter bald schwarz bald rot gefärbt.

Leider kam er nur sehr langsam vorwärts, denn die Strömung stand den Schiffen entgegen, und Stürme richteten die Fahrzeuge übel zu. 88 Tage lang sahen die Seeleute weder die Sonne noch die Sterne. Die Schiffe schöpften nach allen Seiten Wasser, die Segel waren zerrissen, man hatte die Anker, die Masten und Taue, die Boote und einen großen Teil der Vorräte verloren. Die Mannschaft war krank und so in Angst, dass niemand war, der nicht ein Gelübde getan hätte. Man hatte schon viele Stürme erlebt, aber keiner war so schrecklich, keiner hatte so lange gedauert. Selbst die Unerschrockensten verloren den Mut. Kolumbus selbst war auch krank und mehrere Male am Rand des Grabes. Er hatte sich auf dem Verdeck ein kleines Zimmerchen bauen lassen und lenkte von da aus den Kurs. Fortwährend quälte ihn die Sorge um seinen Sohn Ferdinand, der kaum dreizehn Jahre alt, sich mit auf dem Schiff befand. Der Kleine zeigte sich jedoch so tapfer, als ob er seit achtzig Jahren Schifffahrer gewesen wäre.

Endlich am 12. September erreichte man ein Vorgebirge, dem Kolumbus in überquellender Dankbarkeit den Namen Gracias a Dios (Gott sei Dank!) beilegte. Hier trat auch besseres Wetter ein und unter günstigem Fahrwind fuhr man an der Küste hin, bis man an der Mündung eines kleinen Flusses das Indianerdorf Cariai sah. An diesem Ort gönnte Kolumbus der erschöpften Mannschaft längere Ruhe und schickte seinen Bruder Bartholomäus mit einigen Spaniern aus, um Erkundigungen einzuziehen. Die Eingeborenen, die man schon am Tag vorher mit Kleinigkeiten beschenkt hatte, erwiesen sich als friedfertig. Zwei von ihnen fassten Bartholomäus unter den Armen und nötigten ihn, sich zwischen sie ins Gras zu setzen. Aber Adelantado tat nach ihrem Wunsch und begann sie mit Hilfe seines Dolmetschers auszufragen. Seinem Schreiber befahl er, das Gehörte zu notieren. Doch kaum erblickten die Indianer Tinte, Feder und Papier, als sie bestürzt aufsprangen und mit allen ihren Freunden die Flucht ergriffen, denn sie hielten die Schreibinstrumente für Zauberwerkzeuge. Man eilte ihnen nach und beruhigte sie mit viel Mühe, doch kamen sie nur ängstlich näher, und bestreuten die Spanier mit einem Pulver, das nach ihrer Meinung die Zauberei unschädlich machte.

Bartholomäus ging nun mit ihnen zu der Stadt, worin er einen hölzernen Begräbnisturm mit Toten fand, die in baumwollne Tücher gewickelt waren. Sonst gab es bei den armen Menschen nichts Sehenswertes; die Spanier kehrten daher auf die Schiffe zurück. Weiter ging es nun an der Küste hin nach der Landschaft Carabaro, die heute Laguna de Chiriqui heißt. Hier schien sich zu bestätigen, was die yukatanischen Händler gesagt hatten. Die Eingeborenen kamen zahlreich in Booten herausgefahren und tauschten ihren Goldschmuck gegen wertlosen Tand um. Kolumbus nannte die Küste infolgedessen Goldküste, ein Name, der sich bis heute in der Forma Costa rica (reiche Küste) erhalten hat. Die meisten Eingeborenen waren freundlich gesinnt, nur einmal sprangen die Indianer, als sie sahen, dass die Spanier landen wollten, bis an die Hüften ins Wasser, schwenkten drohend ihre Lanzen, bliesen auf sonderbaren Hörnern, bespritzten die Spanier mit Seewasser und spien verächtlich vor ihnen aus. Da die Spanier sich ruhig verhielten, so deuteten sie dies als Feigheit, begannen ihre Lanzen zu werfen und kamen immer näher an die Schiffe heran. Damit ihnen nun ihre falsche Meinung genommen würde, ließ Kolumbus eine Kanone abfeuern und einige Pfeile versenden, wobei einer der Wilden verwundet wurde. Nun liefen sie erschrocken davon und erst als sie sahen, dass die Spanier weiter nichts Böses beabsichtigten, kamen sie näher und ließen sich in einen Tauschhandel ein.

Kolumbus, der fortwährend Erkundigungen einzog, ob eine Meerenge in der Nähe und welches der Name des Landes sei, erfuhr eines Tages von einem Land Ciamba, in dem man, wie der Indianer erzählte, viel Gold finden könne. Da nun auf den Karten in Hinterindien eine Landschaft einen ganz ähnlichen Namen, Tschamba, trug, so ließ sich der Admiral durch diese Ähnlichkeit der Namen wiederum irre führen und glaubte, er sei ganz in der Nähe von Indien und als er einige Tage später von einem anderen Indianer hörte, dass einige Tagereisen nach Westen ein wunderbares Land, Ciguara, liege, wo Männer und Frauen mit Goldschmuck an Armen und Knöcheln und in reichen Gewändern umhergingen, wo man Schwerter und Lanzen, Rosse und Schiffe anträfe, wo auf großen Märkten die verschiedensten Erzeugnisse feilgeboten würden, da glaubte er sich am Ziel, in Indien. Jetzt erfuhr er auch, dass jenseits der Küste, wo er sich eben befand, und die Veragua hieß, ein Meer sich befinde; neun Tage brauche man, um es zu erreichen. Der Indianer meinte den Stillen Ozean, der an diesem Tag zum ersten Mal erwähnt wurde. Kolumbus hielt ihn jedoch für das Indische Meer und legte sich die Sache so zurecht. Das Land, wo er sich befand, habe die Gestalt einer Halbinsel, auf deren einer Seite Veragua, während gegenüber Ciguara liege, so etwa wie Pisa und Venedig in Italien. Fahre man nun um die Halbinsel herum, so käme man durch die vermutete Meerenge nach Indien. Auf also, diese Straße zu durchfahren! Seine Berechnung stimmte; endlich ging es nach Indien.

Nach dieser Meerenge suchte er nun freilich vergeblich, denn er befand sich ja am Isthmus von Mittelamerika. Schlechtes Wetter hinderte außerdem sein Vorwärtskommen. Schon am 2. November musste er sich in einen Hafen flüchten, den er Puertobello (schöner Hafen) nannte. Sieben Tage wartete er hier, dann wagte er sich wieder hinaus, aber nach zwei Tagen trieb ihn der wütende Sturm in einen anderen Hafen hinein. Noch mehrere Male versuchte er die Weiterfahrt ohne Erfolg. Am 5. Dezember überraschte ihn das Unwetter gerade als er auf dem Weg war, nach Veragua zurückzufahren. Nie war das Meer so hoch, so fürchterlich, so schäumend gewesen; es schien ganz von Blut zu sein und kochte wie ein Kessel auf einem großen Feuer. Nie hatte der Himmel ein so grässliches Aussehen gehabt; er brannte Tag und Nacht gleich einem Ofen und schoss so glühende Blitzstrahlen hernieder, dass man glaubte, Masten und Segel würden versengen. Der Donner tobte fürchterlich, der Regen fiel in Strömen, eine wahre Sintflut schien losgebrochen zu sein. Auf den Schiffen fehlte es an Lebensmitteln, denn der Zwieback wimmelte von Würmern, und doch gab es gar nichts anderes. In ihrer Verzweiflung aßen die Seeleute diese ekelhafte Speise im Finstern, um die Maden nicht zu sehen, die sie mit verschlangen. Die Windstöße kamen ruckweise bald von Osten bald von Westen, so dass die Schiffe bald hierhin bald dorthin geworfen wurden und nur mit Mühe am 6. Januar 1503 Veragua erreichten, wo sie an der Mündung eines kleinen Flusses, des Belen, ankerten. Hier hatten sie wenigstens vor dem Sturm Ruhe und lagen nun unter strömendem Regen bis zum 14. Februar fest. Dann und wann nur, wenn der Regen für kurze Augenblicke aussetzte, stieg die Mannschaft heraus, um kleine Goldkörner aus dem Geröll des Flusses zu sammeln.

Am 6. Februar schickte Kolumbus, der selbst krank war, seinen Bruder aus zu einem indianischen Dorf, das 1½ Meilen von dem Fluss entfernt lag. Der Häuptling oder Quibian – so nannten die Indianer ihren Kaziken – gab ihnen gern einen Führer zu dem Goldland mit. Dieser führte die Spanier an dem Fluss aufwärts, der in unzähligen Windungen dahinfloss, so dass die Spanier ihn 43 Mal durchwaten mussten. Unter dem Schatten des tropischen Hochwaldes marschierten sie den ganzen Tag; am anderen Morgen sahen sie goldhaltiges Geröll, wo die Spanier ohne große Mühe Goldkörner von stattlicher Größe auflesen konnten. Dabei befanden sie sich gar nicht einmal auf dem eigentlichen Boden Veraguas, sondern auf einem anderen Gebiet, wohin der schlaue Häuptling die Spanier hatte führen lassen.

Man beschloss nun, unweit der Mündung des Flusses eine Ansiedlung anlegen zu lassen. In kurzer Zeit war eine Anzahl von Holzhäusern mit Palmenblättern gedeckt errichtet; achtzig Mann wurden als Ansiedler zurückgelassen und mit allerlei Werkzeugen und Hilfsmittel ausgestattet. Oberhaupt der Kolonie sollte Bartholomäus sein. Kolumbus selbst wollte nach Spanien zurückkehren, allein, als er aus dem Fluss herausfahren wollte, versperrte eine Sandbank die Ausfahrt und vor Eintritt der Regenzeit war keine Aussicht herauszukommen. Zu gleicher Zeit erhielt Kolumbus Nachricht, dass die Indianer zu Heerhaufen sich sammelten und offenbar einen Kriegszug rüsteten. Obwohl dies nun gar nicht gegen die Spanier sondern gegen einen indianischen Feind beabsichtigt war, glaubte Bartholomäus doch, der Quibian wollte die Ansiedlung nicht dulden und sie heimlich in Brand stecken. Er schickte Diego Mendez, den Vertrauten des Admirals, auf Kundschaft aus. Dieser begab sich zum Dorf Veragua und als er in die Hütte des Häuptlings treten wollte, sah er sich von einem Schwarm scheltender Frauen umgeben, die seinen Eintritt verhindern wollten, denn die Sitte des Landes verbot das Betreten des Häuptlingshauses. Auf dem freien Platz sah er etwa 300 Menschenschädel aufgebaut. Er kehrte zurück und riet, den Quibian gefangen zu nehmen, um so allen Feindseligkeiten zuvorzukommen. Dem kühnen Bartholomäus gefiel dieser Vorschlag, und er ruckte mit 74 Mann zu diesem Unternehmen aus. Der Häuptling verbot der Schar außer ihrem Anführer das Betreten des Dorfes, und daher verabredete sich der Adelantado mit seinen Leuten. Sie sollten sich heimlich an die Hütte des Häuptlings, die auf einer Anhöhe lag, heranschleichen und auf einen Musketenschuss hervorbrechen. Er selbst schritt allein auf den Quibian zu und gab sich als Arzt aus, der den Häuptling untersuchen wolle, denn dieser hatte eine Wunde am Schenkel. Kaum hatte er sich ihm genähert, so fasste er ihn um den Leib, und da er ein Mann von ungewöhnlicher Stärke war, so gelang es ihm, den kräftigen Indianer festzuhalten, bis auf das verabredete Signal seine Gefährten kamen, den Fürsten samt einigen vornehmen Indianern packten und die Hütte plünderten. Sie fanden darin 300 Dukaten in Gold. Man fesselte den Häuptling, und der Steuermann Sanchez erhielt den Befehl, ihn in einem Boot zu den Schiffen zu schaffen. Als nun das Boot bei einbrechender Dunkelheit den Fluss hinabglitt, klagte der Gefesselte über Schmerzen in den Füßen. Der mitleidige Sanchez nahm sie ihm ab, allein sobald der schlaue Indianer die Freiheit seiner Glieder wiedergewonnen hatte, rettete er sich durch einen Sprung ins Wasser. Es war unmöglich, in der Dunkelheit den Entflohenen zu verfolgen, und am folgenden Tag hatte er sich schon in die Schlupfwinkel des nahen Gebirges gerettet.

Von nun an umschwärmten, ohne dass die Spanier es wussten, Kundschafter die neue Ansiedlung. Anfang April fiel so reichlicher Regen, dass Kolumbus mit seinen Schiffen die hohe See gewann. Auf diesen Augenblick hatten die Indianer nur gewartet. Mit lautem Geheul und einem Hagel von brennenden Pfeilen stürzten sie über die Ansiedlung her, und es entspann sich ein hartnäckiges Gefecht. Bartholomäus unternahm mit Mut und Unerschrockenheit einen Ausfall und drängte die Indianer zurück. Er selbst sowie verschiedene andere Spanier wurden verwundet, einer getötet.

Aber der wilde aufgereizte Indianer, den sich die Spanier so leichtsinnig zum Feind gemacht hatten, gab seine Rache nicht auf. Fortwährend schlich er mit seinen Kriegern in den Wäldern herum und bei dieser Gelegenheit überraschte er Diego Tristan, den Kolumbus mit 12 Mann ausgesandt hatte, um frisches Wasser zu holen. Tristan hatte das Gefecht mit angesehen, und statt sich warnen zu lassen, fuhr er noch weiter den Fluss hinauf, dessen Ufer mit Dickicht umsäumt war. Von hier beobachteten ihn unbemerkt lauernde Indianer. Plötzlich sah sich das spanische Boot von indianischen Kühnen umringt und von einer Wolke von Pfeilen überschüttet. Trotz tapferer Gegenwehr erlagen die Spanier bis auf einen, der gleich zu Beginn des Gefechts über Bord gesprungen war und sich am Ufer versteckt hielt. Er überbrachte die Trauerbotschaft dem Bartholomäus; zu den Schiffen konnte er leider nicht gelangen, da kein Boot mehr vorhanden war, denn das letzte hatten die Indianer bei ihrem Überfall triumphierend als Beute mitgenommen. Bartholomäus sah ein, dass es nicht möglich sein würde, in der Ansiedlung zu bleiben, er zog sich zu dem offenen Strand, wo er aus Schiffstonnen eine Schanze baute. Dort sahen die Spanier die Leichen ihrer erschlagenen Brüder, umschwärmt von gefräßigen Vögeln, ins Meer hinausschwimmen.

Kolumbus, der mit seinen Schiffen eine Meile entfernt vom Land auf offener See lag, hatte von alledem keine Ahnung. Von Fieber geschüttelt, machte er sich die größten Sorgen und geriet, als gar keine Nachricht eintraf, in die höchste Aufregung. „Ich gewann mit Aufbietung aller Kraft", so schreibt er, „den höchstgelegenen Punkt und rief mit kläglicher Stimme alle vier Winde um Hilfe, aber umsonst. Ganz erschöpft vor Traurigkeit schlief ich unter lauten Seufzern ein; da hörte ich eine mitleidige Stimme, die zu mir sprach: O du Kleingläubiger und Saumseliger im Dienst Gottes, des Gottes unser aller! Was tat er mehr an Moses, David und seinen Knechten?

Vom Mutterschoß an hat er dich sorgsam gehütet. Als er dich reif sah für seinen Ratschluss, verbreitete er durch Wunder den Klang deines Namens über den Erdkreis. Er verlieh dir Indien, den reichsten Weltteil, als Gut, mit der Vollmacht, es nach Wohlgefallen zu verschenken. Der Ozean lag mit schweren eisernen Ketten gesperrt, dir gab er die Schlüssel. In den fernsten Gegenden gehorcht man deinem Wort und in der Christenheit hast du unsterblichen Ruhm erlangt. Sein Erbarmen ist ohne Ende. Dein Alter hindert dich nicht, noch große Dinge zu vollführen. Antworte: Ist es Gott oder die Welt, durch die dir so viel Trübsal kam? Gott hält die Verheißungen, die er gegeben, und seine Worte mögen ihn nicht gereuen; dem, der in seinem Dienst gehandelt, sagt er später nicht, dass man seinen Absichten nicht entsprochen habe. Alles, was er verheißt, hält er und noch darüber hinaus. Das hat dein Schöpfer für dich getan, das tut er für alle. Zeige mir jetzt den Lohn, der dir von Menschen geworden für alle Mühen und Gefahren!"

„Ich war halbtot", heißt es weiter in dem Brief des Kolumbus, „als ich dies alles hörte, vermochte aber auf so wahre Worte keine Antwort zu finden; ich konnte nur weinen über meine Sünden. Wer es auch gewesen sein mag, der zu mir sprach, er schloss mit den Worten: Fürchte dich nicht, habe Vertrauen! Alle deine Trübsal ist in Marmor geschrieben und das nicht ohne Grund."

An demselben Tag erreichten Bartholomäus und seine Gefährten das Geschwader. Sie hatten zwei indianische Kähne gefunden und konnten ihren Verfolgern damit glucklich entrinnen. Die Indianer, die an Bord der Schiffe gefangen gewesen waren, hatten sich infolge ungenügender Bewachung davon gemacht; die anderen, denen es nicht gelungen war, erdrosselten sich.

Es war nun der Wunsch des Admirals, nach Hispaniola zu gelangen, denn bis nach Spanien hielten die Schiffe, die von Würmern zerfressen waren, jedenfalls nicht aus. Eins musste er gleich bei der Abfahrt zurücklassen, da es ganz durchlöchert war, ein zweites verlor er auf der Fahrt, da er wiederum in die entsetzlichsten Stürme geriet. Grässliche Gewitter, die das Meer bis auf den Grund aufwühlten, schleuderten die Schiffe umher, so dass die Mannschaft alle Besonnenheit verlor. Kolumbus, der immer noch seinen Mut behielt, gab Anordnungen, allein sie wurden nicht gehört, seine Befehle nicht ausgeführt; die Schiffsmannschaft schien vor Betäubung und Schrecken überhaupt nichts mehr zu verstehen. Das Einzige, wozu er sie noch bringen konnte, war, das Wasser auszupumpen, das stromweise in die Schiffe eindrang.

Unter solchen Schwierigkeiten erreichte Kolumbus endlich die Insel Jamaika glücklich noch in dem Augenblick, wo die Schiffe eben sinken wollten. Er ließ die Fahrzeuge stranden und rettete so sich und seinen Gefährten das Leben. An eine Ausbesserung der Wracks war nicht zu denken, man konnte sie gerade noch als Wohnungen benutzen, indem man sie von beiden Seiten stützte, und auf dem Verdeck Hütten erbaute. Im Übrigen saß man auf Jamaika fest, bis zufällig vielleicht einmal ein Schiff vorüberkam und die Schiffbrüchigen mitnahm, wenn sie überhaupt bemerkt wurden.

Um die Eingeborenen nicht zu reizen, verbot Kolumbus seinen Leuten an Land zu gehen. Die Indianer kamen von selbst herbei, und da ihnen mit Freundlichkeit begegnet wurde, so waren auch sie zutraulich und brachten Lebensmittel, um sie gegen Kleinigkeiten auszutauschen. Die Spanier kauften sehr billig dabei; denn für ein Blättchen Rauschgold gaben die Indianer zwei Gänse, für eine Glasperle ein Brot und für eine kleine Klingel brachten sie geschleppt, was sie nur hatten. Indessen beriet man aber die Möglichkeit einer Rettung. Das einzige Mittel war, nach Hispaniola zu senden und Hilfe zu erbitten. Wie aber dahin gelangen? Die Insel war über 30 Meilen entfernt, und die Spanier besaßen nicht ein einziges Boot!

Glücklicherweise konnte man von den Indianern einige Kähne einhandeln, wenn man diese Fahrzeuge überhaupt Kähne nennen konnte. Sie bestanden nämlich in plumpen ausgehöhlten Baumstämmen, die beim leisesten Windstoß und bei geringstem Wellengang umkippten. Man konnte sie also nur bei ganz ruhiger See benutzen, und selbst dann war die Fahrt noch sehr gefährlich. Es fanden sich jedoch zwei beherzte Männer, die es wagen wollten, auf den Baumstämmen Hispaniola zu erreichen, der eine war der getreue Mendez, der andere ein Genuese namens Fiesco. Mendez ließ dem indianischen Boot einen Kiel einsetzten, es mit Teer bestreichen, setzte einen Mast und Segel auf und belud es mit den nötigsten Lebensmitteln. Dann fuhr er mit 6 indianischen Ruderern und seinem Genossen ab. Unterwegs fiel er Seeräubern in die Hände, von denen er jedoch auf wunderbare Weise freikam; als er weiterfahren wollte, musste er umkehren, weil die Indianer, die an der Küste wohnten, ihn und seinen Genossen zu ermorden drohten. Nunmehr gab ihm Kolumbus eine Schar von 70 Mann mit, die am Ufer hinmarschierten, während das Boot auf der See an der Küste hinfuhr. Als sie das Ende Jamaikas erreicht hatten, kehrte die Mannschaft um, und Mendez fuhr mit wenigen Gefährten allein weiter. Zwei Tage und zwei Nächte ruderten sie unter unausstehlicher Hitze in die ihnen vorgeschriebene Richtung ohne Land zu erblicken.

Schon war der Wasservorrat erschöpft, die Wilden sanken kraftlos in ihren Rudersitzen nieder, einer starb vor Durst. Die anderen gerieten in Verzweiflung. Ratlos blickten sie über das dunkle Meer hin. Nirgends Rettung,

Mittelamerikanische Landschaft: Flußszenerie in Talamanca.
Nach Sapper, „Mit telamerikanische Reisen und Studien."

nirgends Land! Da erhob sich am Horizont die Scheibe des Mondes aus dem Meer und auf diesem glänzenden Hintergrund hob sich scharf begrenzt eine Silhouette ab, die wie ein Berg aussah. Dort musste Land sein. Die Hoffnung gab ihnen neue Kraft, sie erreichten auch wirklich eine Küste, jedoch es war nur nacktes Gestein, weder Pflanzen noch Wasser zu sehen. Von Durst gequält suchten sie umher und fanden zu ihrer unaussprechlichen Freude in den Klüften einen reichen Vorrat von Regenwasser, frisch und kühl, wie in einem Brunnen. In ihrer Gier tranken einige unvorsichtig und zu schnell und mussten diese Übereilung mit dem Leben bezahlen. Am anderen Morgen trafen sie auf mehrere Fischer und erfuhren, dass sie wirklich auf Hispaniola gelandet waren, freilich 130 Meilen von der spanischen Ansiedlung entfernt; am vierten Tag gelang die Überfahrt nach Kap Tiburon. Gern hätte nun Mendez seinen Genossen Fiesco zu dem Admiral zurückgeschickt, um ihm die frohe Botschaft zu verkündigen; aber niemand wollte die Rückfahrt wagen, und so zog er denn, da er gehört hatte, dass Ovando in Caragua sich aufhielt, in einer langwierigen Reise dahin. Er wurde von dem Statthalter freundlich empfangen; aber sein Bericht von der elenden Lage des Kolumbus fand keinen Glauben. Ovando vermutete vielmehr, der Admiral habe nur eine List ausgedacht, um sich mit gutem Grund auf Hispaniola einzuschleichen; er behielt darum Diego Mendez zurück und sandte erst einen Boten aus mit einem kleinen Schiff, um sich von der Wahrheit der Angaben zu überzeugen. Mendez hatte von Kolumbus Geld mitbekommen, um ein Schiff in Santo Domingo zu kaufen und damit nach Jamaika zurückzufahren. Jedoch Ovando gab ihm, von Misstrauen gegen Kolumbus, vielleicht auch von Abneigung gegen ihn erfüllt, nicht die Erlaubnis zu seinem Vorhaben, und als er es ihm nach siebenmonatigem Warten endlich gestattete, konnte Mendez kein Schiff auftreiben und musste bis zum Frühjahr 1504 warten, ehe wieder Fahrzeuge aus Kastilien kamen.

Während dieser langen Zeit nun saßen die schiffbrüchigen Spanier auf Jamaika und erwarteten von Tag zu Tag die Rückkehr der Boten. Aber Woche um Woche verging. Kolumbus, der von Schmerzen der Gicht geplagt, das Krankenbett nicht verlassen konnte, quälte sich in Sorge um die Abgesandten ab. Im August 1503 war seine Botschaft von Jamaika abgegangen und schon war das neue Jahr herangekommen, und noch immer kam die ersehnte Hilfe nicht. Er kam schließlich zu der Überzeugung, dass Mendez und Fiesco unterwegs auf irgendeine Weise umgekommen seien; vielleicht hatte eine Strömung sie auf das hohe Meer hinausgetrieben, oder hatten Indianer sie ermordet.

Die Lage der Spanier wurde von Tag zu Tag verzweifelter, Krankheiten wüteten unter ihnen, und bei ihrer elenden Lebensweise, bei dem Fehlen von Arzneimitteln war auf eine Besserung nicht zu hoffen. Die Not machte sie schließlich zu Aufrührern, und sie äußerten ganz offen, der Admiral sei an ihrem ganzen Unglück schuld. Vergebens suchte Kolumbus sie von dieser irrigen Meinung abzubringen; einige von den Spaniern, die Brüder Porres, Francisco, ein Kapitän und Diego, der Kronbeamte, behaupteten sogar, Kolumbus halte sie absichtlich auf Jamaika fest und habe Mendez überhaupt verboten, zurückzukommen. Sie fanden wirklich auch eine Anzahl unter ihren Genossen, die diesen abenteuerlichen Gedanken glaubten und eines Tages fluchend und lärmend das Bett des Admirals umringten.

„Señor", rief Francisco, „wie es scheint, wollt Ihr unsere Heimkehr vereiteln und uns hier verkümmern lassen?"

Kolumbus erwiderte ihm mit begütigender Stimme, er wünsche selbst nichts sehnlicher als von hier fortzukommen; aber leider fehlten ihm die nötigen Fahrzeuge. Er hoffe von Tag zu Tag, dass Mendez zurückkehre.

Diese Antwort machte nicht den mindesten Eindruck.

Porres schrie wütend, zum Plaudern sei jetzt keine Zeit, er werde auf der Stelle nach Kastilien zurückkehren. Mit dem Ruf: Auf nach Kastilien, wer mir folgen will, drehte er dem Admiral den Rücken und ihm schlossen sich die gesunden Matrosen an. „Wir folgen!" riefen sie. „Tod ihnen!"

Obwohl Kolumbus, fiebermatt und von Schmerzen fast gelähmt, sich kaum noch rühren konnte, sprang er doch aus dem Bett, um die Unbesonnenen zurückzuhalten. Aber einige wenige Getreue und sein Sohn Fernando, die befürchteten, man werde den Admiral ermorden, hielten ihn zurück, ebenso ließen sie nicht zu, dass Bartholomäus, der mit einer Pike bewaffnet den Aufrührern nachrannte, sich mit ihnen in ein Handgemenge einlasse. Man ließ sie ruhig ziehen. Sie bestiegen einige der ungeschickten jamaikanischen Kähne und fuhren mit indianischen Ruderknechten ab. Das Meer war ruhig, und sie erreichten daher frohlockend die Westspitze von Jamaika; überall, wo sie anlegten, misshandelten sie die Eingeborenen und sagten, sie möchten sich dafür bei dem Admiral bedanken, der an all diesem Unglück schuld sei. Als sie nun im Begriff waren, von Jamaika nach Haiti überzufahren, wurde plötzlich die See rau und in den flachen, leicht kippenden Kähnen konnte man sich den Wellen nicht anvertrauen. Sie kehrten daher um. Für die hochgehenden Wellen erwiesen sich die Kähne als zu schwer belastet, um sie zu erleichtern, warfen die rohen, herzlosen Spanier die Eingeborenen in das Meer, so dass diese nun hinter den Kähnen herschwimmen mussten. Sobald aber einer, vom Schwimmen ermattet, sich an dem Rand des Kahnes festhalten wollte, um auszuruhen, wurden ihnen rücksichtslos die Hände abgehauen, so dass die Unglücklichen hilflos in den Wellen versanken.

Noch ehe die Aufrührer von ihrer verunglückten Fahrt zurückkehrten, geriet Kolumbus in eine andere Verlegenheit. Die Eingeborenen erklärten nämlich, eines Tages, sie seien es überdrüssig, den Spaniern weiterhin Lebensmittel zu liefern. Sie waren durch die Grausamkeiten, die von den Verschworenen an den indianischen Ruderknechten verübt worden waren, erbittert.

Da half sich Kolumbus durch eine listige Drohung. Aus seinen Kalendern wusste er, dass in den nächsten Tagen eine Mondfinsternis eintreten würde. Er ließ nun den Indianern mitteilen, dass die Gottheit, welche die Spanier hierher geschickt habe, erzürnt sei, weil ihre Boten keine Lebensmittel mehr bekämen. Sie werde, wenn die Eingeborenen sich ferner weigern würden, mit schweren Strafen die Insel heimsuchen. Schon sei ihr Antlitz vom Zorn verfinstert.

Und wirklich stieg in der nächsten Nacht die verdunkelte Scheibe des Mondes am Himmel empor.

Die Indianer, die anfangs die Worte des Kolumbus verlacht hatten, gerieten in die größte Bestürzung. Sie versammelten sich mit Heulen und Schreien um die Schiffe und beschworen den Seeherrn, für sie zu Gott zu beten, die bevorstehende Strafe abzuwenden. Sie würden in Zukunft nie wieder mit ihren Lebensmitteln ausbleiben. Kolumbus ließ sie eine Weile sich ängstigen; dann versprach er, Fürbitte einzulegen und schloss sich in seine Kajüte ein bis zu der Stunde, wo er wusste, dass die Finsternis vorübergehen würde. Dann trat er hinaus und verkündete dem Klagechor, die Gottheit habe ihn erhört. In wenigen Minuten werde ihr Antlitz wieder im alten Glanz lächeln.

Die Eingeborenen waren überglücklich und versorgten den wunderbaren Mann, dem zu Liebe der Mond sich verfinsterte, fortan reichlich mit allem, dessen er bedurfte.

Als die Aufrührer wieder zurückkehrten, schweiften sie auf der Insel umher gleich Räubern, und schon waren die andern, die bisher treu zu Kolumbus gehalten hatten, im Begriff, sich ihnen anzuschließen, da erschien ein Abgesandter Ovandos, Diego de Escobar, mit einem kleinen Schiff, das indessen nicht herankam, sondern in einiger Entfernung von der Küste ankerte. Escobar, der sich überzeugen sollte, ob die Angaben des Mendez wirklich wahr wären, brachte einen Brief Ovandos und die Nachricht, dass nun bald ein Schiff erscheinen werde, um die Schiffbrüchigen aus ihrer traurigen Lage zu befreien. Bei seiner Abfahrt ließ er ein Fässchen Wein zur Stärkung des kranken Admirals zurück.

Die Empörer, denen Kolumbus die frohe Nachricht von der baldigen Erlösung aus ihrer verzweifelten Lage sofort mitteilte, waren indes nicht zu bewegen, ihr Räuberleben nun aufzugeben. Sie ließen ihm sagen, er möge ihnen nicht weiterhin falsche Vorspiegelungen machen; es sei doch nicht wahr, was er sage. Übrigens solle er ihnen die Hälfte der auf dem Schiff vorhandenen Sachen abtreten, sonst würden sie mit den Waffen in der Hand sich holen, was sie brauchten. Kolumbus schickte seinen Bruder, den tapferen Bartholomäus, den Aufrührern entgegen. Nach einem vergeblichen Versuch, die Empörer zur Vernunft zu bringen, fackelte er nicht mehr lange, sondern eröffnete den Kampf. Obwohl seine Leute meist durch Krankheit geschwächt waren, trugen sie doch vermöge ihrer besseren Bewaffnung den Sieg davon. Einige fielen unter den Schwertern, andere wurden zu Gefangenen gemacht, die übrigen ergriffen die Flucht. Den Haupträdelsführer Porres hatte Bartholomäus mit eigener Hand zum Gefangenen gemacht. Die Geflüchteten kamen dann später und baten um Gnade, und Kolumbus war großmütig genug, ihnen zu verzeihen.

Der getreue Mendez war unterdessen in Hispaniola für den Admiral tätig. Er erzählte von dem Missgeschick des Kolumbus, und es gab eine ganze Anzahl von einsichtsvollen Menschen, die Ovando sehr tadelten, dass er einen so verdienstvollen Mann wie Kolumbus hilflos sitzen lasse, schließlich fingen gar die Priester an, bei der Predigt in der Kirche den Statthalter an seine Pflicht zu erinnern. So konnte denn das von Mendez gemietete Fahrzeug endlich abfahren. Am 28. Juni landete es zur unaussprechlichen Freude des Kolumbus an, und schon am 13. August 1504 trafen die so lange Geprüften in Santo Domingo ein.

Ovando, der sich wohl vor der Partei des Kolumbus fürchtete, empfing ihn höchst ehrenvoll, doch verlangte er, dass die gefesselten Spanier frei gelassen würden. In Santo Domingo habe Kolumbus nichts zu sagen, hier sei er, Ovando, der oberste Richter, der über Tod und Leben zu entscheiden habe. Kolumbus fuhr, um sein Recht zu behaupten, und nicht mit dem Statthalter in Streit zu geraten, so bald als möglich von Santo Domingo nach Spanien ab.

Wie die ganze Reise, so war auch die Heimfahrt von rätselhaftem Unglück verfolgt. Bald nach der Abfahrt erhoben sich wütende Stürme, die das eine Fahrzeug so übel zurichteten, dass es nach Hispaniola zurückkehren musste. Das andere setzte seine Reise fort, wurde aber derartig von Sturm und Wellen mitgenommen, dass man kaum Hoffnung hatte, mit dem zertrümmerten Schiff noch bis Cádiz zu gelangen. Doch erreichte Kolumbus den Hafen noch glücklich im November 1504.

Letzte Lebensjahre und Tod des Kolumbus - Seine Familie

Keine jubelnde Menschenmenge begrüßte wie früher den Heimkehrenden, der als ganzes Ergebnis seiner unglücklichen Fahrt nichts mitbrachte, als ein von den Wellen zerschlagenes Schiff und einen siechen Körper. Nur einige schüttelten ihm freundlich die Hand; wenige fragten, wie es ihm ergangen, Kolumbus war ein verlassener Mann, für den sich niemand mehr interessierte. Und in dieser schweren Zeit starb auch noch Isabella, die einzige, die ihm bis zuletzt treu geblieben war, die ihm trotz aller Anfeindungen ihre Gunst bewahrt hatte, und die ihm vielleicht jetzt eine treue Stütze gewesen wäre.

Auch sie war in den letzten Jahren hart geprüft worden. Körperliche Anstrengungen und unablässige Geistestätigkeit hatten sie geschwächt und Unglücksfälle, die Schlag auf Schlag sie trafen, ihren Mut gebeugt. Im Jahre 1496 starb ihre Mutter, 1497 ihr einziger Sohn, im folgenden Jahr ihre geliebteste Tochter, die Königin von Portugal. Aus Schmerz über diese Ereignisse verfiel sie in eine schwere Krankheit, von der sie sich nicht ganz wieder erholte. Am 26. November 1504 starb sie im 54. Jahr, als gute Christin mit den Sterbesakramenten versehen.

Kolumbus verhehlte sich nicht, dass er mit Isabella seine letzte Hoffnung auf Gerechtigkeit verloren habe. Er hatte die außerordentliche Frau stets hoch verehrt.

„Das Notwendigste ist", schrieb er an seinen Sohn, „Gott die Seele der Königin, unserer Herrin, dringend und voll Andacht zu empfehlen. Ihr Leben war immer heilig, darum muss man glauben, dass sie zur ewigen Herrlichkeit einging und die öde, traurige Welt nicht vermissen wird."

Er wandte sich nun an den König und schrieb ihm einen langen Brief, worin er ihm auseinandersetzte, dass er vor allen Dingen auf Hispaniola Ordnung schaffen müsse, wo die Spanier die Indianer aufs Fürchterlichste bedrückten und die Krone um das Gold zu betrügen suchten. Ferdinand antwortete gar nicht. Er hatte den Unternehmungen des Admirals immer kühl gegenübergestanden, wenn es auf ihn angekommen wäre, so hätte Kolumbus kaum seine Pläne zur Ausführung bringen können.

Während des Winters hielt sich Kolumbus in Sevilla auf, körperlich ein gebrochener Mann. Die Strapazen, die er auf seinen Reisen hatte ausstehen müssen, die Kränkungen, die seinem empfindlichen Gemüt doppelt wehtaten, hatten seine kräftige Konstitution endlich doch zerrüttet. Die Gicht peinigte ihn unaufhörlich, besonders zur Zeit des Winters, so dass er oft wegen seiner steifen Finger nicht schreiben konnte. Trotzdem schmiedete er neue Pläne, an deren Ausführung er indessen wohl selbst nicht glaubte.

Vor allem aber bemühte er sich unablässig, seine Ansprüche durchzusetzen und sich sein Recht zu verschaffen. Denn es hatte nicht den Anschein, dass der König halten wollte, was er einst versprochen und mit seiner Unterschrift besiegelt hatte. Diego, Kolumbus Sohn, befand sich am Königlichen Hof und sollte die Angelegenheiten seines Vaters dort beschleunigen. Der Admiral selbst schrieb an alle, von denen er wusste, dass sie ihm noch freundlich gesinnt waren, er bat sie, den König zu veranlassen, dass ihm das Geld zurückgegeben würde, womit er die Leute bezahlt hatte, die auf der letzten Reise mit ihm gefahren waren. Außerdem besaß er nichts und musste Geld leihen, um nur das Nötigste zu haben. „Gib sorgsam acht auf jede Ausgabe", schrieb er in jedem Brief an seinen Sohn, „denn das ist Notwendigkeit." Er hatte zwar Gewinnanteile und andere Summen, Einkünfte aus den Kolonien zu fordern, allein er erhielt sie nicht. So waren z.B. am 18. Januar 1505 Schiffe aus Indien angekommen, die 60000 Pesos für Kolumbus bringen sollten. Wohin sich Kolumbus auch wegen dieser Gelder wandte, hieß es, sie seien verschwunden, und der König ließ diese Angelegenheiten ruhen; der Gouverneur, bei dem eine Summe Geldes lag, zog die Auszahlung unter allen möglichen Ausflüchten hin. Es war bitter für einen Mann wie Kolumbus, an seinem Lebensende zu sehen, wie all sein Streben und Arbeiten ihm nichts eingebracht habe, während sich andere bereicherten an den Quellen, die er aufgeschlossen hatte.

Indes fuhr er fort, den König wegen seines Vizekönigtums zu bestürmen, bis dieser, der gar nicht daran dachte, den Entdecker wieder einzusetzen, ihm vorschlug, die Würde eines Vizekönigs gegen eine Grafschaft in Kastilien zu vertauschen. Es wäre sicherlich das Klügste gewesen, diesen Vorschlag anzunehmen; jedoch Kolumbus mit seinem Starrsinn schlug ihn ab. Er hielt es für eine Ehrensache, seiner Familie alles zu erhalten, was er erstrebt hatte; in seiner Zähigkeit war er zu blind, um einzusehen, dass er, wie die Dinge nun einmal lagen, auf dieser Würde doch nicht bestehen konnte.

Nun setzte er seine Hoffnung auf das Testament Isabellas, er hoffte, sie hätte darin seiner erwähnt und ihn in die indischen Würden wieder eingesetzt. Die Eröffnung des Schriftstückes wurde jedoch sehr in die Länge gezogen, seine Klagen, seine Botschaften an den Hof halfen ihm nichts. Man gewöhnte sich daran, die Verdienste eines Mannes zu unterschätzen, welcher anfing, lästig zu werden, als er zu nützen aufgehört hatte. Zwar machte er sich im Mai 1505 selbst auf die Reise nach Segovia, wo sich der Hof damals aufhielt, er wurde auch mit denjenigen äußeren Ehrenbezeugungen empfangen, die einem Admiral der spanischen Krone zustehen, aber seine Angelegenheiten brachte er um keinen Schritt weiter.

Da hörte er, dass die neuen Herrscher von Kastilien – Ferdinand war nämlich nur König von Aragonien – Erzherzog Philipp von Österreich und Johanna, die Tochter Isabellas, nach Spanien kämen. Da man ihm nun überall gesagt hatte, seine Angelegenheit sei Sache der kastilischen Regierung und gehe Ferdinand von Aragonien eigentlich nichts an, so beschloss er, der jungen Königin Kastiliens persönlich zu huldigen. Von ihr als einer Tochter Isabellas erhoffte er dann Erfüllung seiner Anliegen. Trotz seiner Krankheit wagte er die Reise nach Coruña, wo Johanna und ihr Gemahl Philipp landeten. Da er zu hinfällig war, um auf einem Pferd zu reiten, erhielt er die Erlaubnis, sich eines Maulesels zu bedienen. Diese Tiere haben einen sanfteren Gang und scheuen nicht so leicht wie die Pferde. Es war eine ganz besondere Gnade des Königs, dem Kolumbus dies zu gestatten, denn auf Mauleseln zu reisen war damals nur Geistlichen und Frauen erlaubt. Es sollte durch dieses Verbot die Pferdezucht, die seit vielen Jahren vernachlässigt war, gehoben werden.

Der Admiral sollte indes seine Reise nicht vollenden. In Valladolid musste er Halt machen; er fühlte das Herannahen des Todes und ließ sein schon 1505 abgefasstes Testament bestätigen. Am Himmelfahrtstag, dem 21. Mai 1506, starb er in den Armen von Franziskanermönchen mit den Worten: „Herr, in deine Hände befehle ich meinen Geist!" Als guter katholischer Christ, der er sein Leben lang gewesen war, hatte er sich mit den Sterbesakramenten versehen lassen.

Sein Tod machte nicht den geringsten Eindruck; der Chronist Angleria der Stadt Valladolid, in deren Mauern er starb, hielt es nicht für nötig, das Ereignis als bemerkenswert aufzuzeichnen, obwohl er sonst über alle möglichen Personen und unbedeutende Dinge schrieb. Für Kolumbus hatte er keine halbe Zeile übrig.

Es war der letzte Wunsch des Verstorbenen gewesen, den ewigen Schlaf auf der Insel Hispaniola zu schlafen, auf jener Erde, die er so sehr geliebt hatte. Sein Wunsch wurde jedoch erst 1536 erfüllt. Zunächst blieb die Leiche im Franziskanerkloster zu Valladolid, und 1523 wurde sie nach Sevilla überführt, wo der Sarg mit der Inschrift versehen wurde:

A Castilla y a Leon
Nuevo Mundo dió Colon,

d. h.

An Kastilien und an Leon
Eine neue Welt schenkte Kolon.

Im Jahre 1536 endlich erlaubte Karl V., König von Spanien, dass die Gebeine des Kolumbus samt denen seines Sohnes Diego nach Santo Domingo gebracht und unter dem Hochaltar der Kirche beigesetzt wurden. Als durch den Frieden von Basel 1795 Santo Domingo an die Franzosen abgetreten wurde, sorgte der Admiral Aristizabal dafür, dass die Gebeine auf die Insel

Sterbehaus des Christoph Kolumbus in Valladolid.

Kuba gebracht wurden, damit Spanien nach Jahrhunderten noch den Leichnam dessen ehre, dessen Verdienste während seines Lebens der Neid verdunkelte. Es wurde daher das Grabmal in Santo Domingo geöffnet; man fand ein paar Bleiplatten, Gebeine und Erde, aber keine Spur von Eisen. Und doch hatte der Entdecker in seinem Testament ausdrücklich bestimmt, dass man ihm die Kette, die ihm Bobadilla hatte anlegen lassen, mit ins Grab gebe. Schon bei Lebzeiten hatte er sich nie von ihr trennen wollen, er führte sie immer bei sich, in seinen letzten Lebensjahren hing sie über dem Schreibtisch, gleichsam als sei es ihm ein Bedürfnis, sich immer und immer wieder der ihm angetanen Schmach zu erinnern.

Ob man seinen letzten Wunsch nicht erfüllt hat? Oder wurde die Kette entfernt, als die irdischen Überreste von Sevilla nach Santo Domingo geschafft wurden? Soviel steht fest, dass man bei Öffnung des Gewölbes in Santo Domingo auch nicht die Spur von Eisen fand, obwohl man eifrig danach suchte. Man hat daher die Vermutung ausgesprochen, es seien überhaupt nicht die Gebeine des Kolumbus gewesen, die man von Sevilla fortgeschafft habe. Es erhob sich darüber ein lebhafter Streit, der erst nach langer gelehrter Forschungsarbeit dahin entschieden wurde, dass 1795 die Überreste des Christoph Kolumbus wirklich vorhanden gewesen. Die Überführung erfolgte unter großen Feierlichkeiten. Was ausgegraben worden war, wurde in eine vergoldete bleierne Arche und diese dann in einen mit Sammet ausgeschlagenen Sarg gelegt. Am Tag nach der Ausgrabung wurde vom Erzbischof die Messe gelesen; Offiziere trugen den Sarg aus der Kirche heraus zum Schiff. An der Küste grüßten fünfzehn mal die Kanonen der Festung den großen Toten, der auf einem mit Trauerfahnen geschmückten Schiff nach Habana seine letzte, diesmal wirklich die letzte Reise antrat. So verließ Kolumbus die Erde, die er so sehr geliebt, um die ewige Ruhe in Havanna zu finden, das erst nach seinem Tod gegründet worden war. Auch hier wurde der Tote feierlich empfangen und unter der größten Teilnahme der Bevölkerung in der Kathedrale von Habana beigesetzt. Ein prachtvolles Grabmal ziert seit 1892 die letzte Ruhestätte des Genuesen, der, ruhelos im Leben auch im Tod keine Ruhe zu finden schien. Vier Herolde, in Trauer um den Helden, tragen den Sarg. Sie stellen die vier Königreiche dar, die damals die spanische Monarchie bildeten: Kastilien, Leon, Aragon und Navarra, und sind zugleich eine symbolische Darstellung der vier Reisen, die er in seinem Leben und im Tod gemacht hat. Auf dem Sockel verschwinden die Ketten, mit denen einst den Kolumbus der Neid einiger Zeitgenossen gefesselt, unter den Lorbeeren, die heute Spanien mit der Palme des Märtyrertums auf seinem Grab niederlegt. –

Werfen wir nun noch einen Blick auf das fernere Geschick der Brüder und der Söhne des Admirals!

Bartholomäus, der seinem Bruder im Leben die beste Stütze gewesen war, erhielt, als er 1511 nach Westindien zurückging, die kleine Insel Mona, die zwischen Puerto Rico und Haiti liegt. Hier lebte er als Gouverneur bis 1514.

Sein Bruder Diego, der in der ganzen Geschichte am wenigsten hervorgetreten ist und wohl auch im Gegensatz zu Bartholomäus ein Mann ohne besondere Talente und Fähigkeiten war, starb schon vor ihm.

Der älteste Sohn des Admirals, D o n D i e g o C o l o n, erbte, als sein Vater starb, eigentlich nichts weiter, als ein Klagerecht gegen die Krone von Kastilien, denn Ferdinand hatte ihm mitgeteilt, er möge, um zu seinem Recht zu kommen, die kastilianische Regierung bei den Gerichten verklagen. Das tat er denn auch und es begann damit jener langwierige Rechtsstreit, der unter dem Namen des fiskalischen Prozesses beinahe 200 Jahre gedauert hat und bei Lebzeiten Diegos nur einstweilen entschieden wurde. Der zweite Admiral – so nannte man den Sohn des Kolumbus – war aber so klug, sich mit einer Dame aus dem höchsten spanischen Adel, mit Maria von Toledo, der Nichte des Herzogs von Alba, zu verheiraten. Dadurch erreichte er wohl, dass schon 1508 eine vorläufige Entscheidung getroffen wurde. Die Richter erklärten,

Die Kathedrale von Habana.

was der König dem Vater Kolumbus versprochen habe, das müsse er dem Sohn halten, und so wurde Diego 1509 zum Statthalter von Westindien ernannt. Mit königlicher Pracht segelte nun die ganze Familie der Kolumben nach Hispaniola hinüber, begleitet von einer Menge vornehmer adeliger Spanier. Ovando musste dem neuen Statthalter weichen und fuhr nach Spanien zurück, nachdem sich Diego mit ihm und den anderen Empörern ausgesöhnt hatte. Diego bezog nun auch alle Einkünfte und Gewinnanteile, nach denen sein Vater vergeblich gerungen hatte, aber seine Stellung als Vizekönig wurde durch Gesetze immer mehr eingeschränkt. Man setzte an den festen Plätzen besondere Kommandanten ein, gab ihm einen Rat von Richtern zur Seite, ohne deren Einwilligung er nichts unternehmen durfte, und ließ ihn auch sonst in jeder Weise beaufsichtigen. Neidische Amtsgenossen verdächtigten ihn in jeder Weise, so schrieb man z.B. einst nach Spanien, Diego habe sich ein festes Schloss errichtet, um sich darauf für alle Fälle zurückzuziehen, während er sich in Wahrheit der erquickenden Luft wegen einen hochgelegenen Palast mit vielen Fenstern erbaut hatte. Mehrere Male musste Diego nach Spanien fahren, um die Gunst des Königs wiederzugewinnen. Bei einem solchen Aufenthalt in Spanien starb er 1526.

Sein Sohn L o u i s war erst 6 Jahre alt. Die kluge Mutter, die wahrscheinlich voraussah, dass nun der Prozess ungünstig enden werde, schloss mit der spanischen Krone daher einen Vergleich. Sie verzichtete im Namen ihres Sohnes auf die Würde eines Vizekönigs und war zufrieden damit, dass Don Louis zum Herzog von Veragua, Markgrafen von Jamaika und Generalkapitän von Española ernannt wurde, sowie eine erbliche Rente von 10 000 Dukaten erhielt.

Don Louis, ein flotter Mann von etwas lockeren Sitten, starb 1572 und hinterließ nur einen unehelichen Sohn, so dass seine Würde auf seinen Neffen Diego II., den Sohn seines Bruders Christobal überging. Als auch dieser 1576 mit dem Tod abging, war die männliche Nachkommenschaft des Kolumbus erloschen. Es entspann sich nun ein Streit darüber, ob die weiblichen Nachkommen und deren Söhne die Würde erben könnten, denn Diego I., der Sohn des Admirals, hatte vier Töchter hinterlassen, von denen drei an spanische Edelleute verheiratet waren, während die vierte, die kränklich war, als Nonne in einem Kloster lebte. Die Gerichte sprachen die Erbschaft des Kolumbus im Jahre 1608 dem Grafen von Calves, Don Nuño von Portugal, zu, der ein Urenkel des Kolumbus und Sohn der Enkelin Doña Isabella Colon war. Er erhielt die Titel Admiral und Adelantado von Indien, Herzog von Veragua und Markgraf von Jamaika, als nächster männlicher Erbe von Kolumbus.

Der zweite Sohn des Kolumbus, Fernando, war infolge seiner unehelichen Geburt natürlich von der Erbfolge ausgeschlossen. Er widmete sich den Wissenschaften, durchreiste Europa und einen großen Teil von Asien und Afrika und ließ sich dann in Sevilla nieder. Hier, am Ufer des herrlichen Guadalquivir, baute er sich einen stolzen Palast, inmitten großartiger Gärten, in denen er die seltensten Pflanzen Indiens kultivierte. Seine besondere Liebhaberei waren schöne Bücher, deren er 20 000 in seiner Bibliothek gesammelt hatte. Er blieb unvermählt und lebte in stiller Zurückgezogenheit im Verkehr mit wenigen auserlesenen Geistern der Wissenschaft. Am 12. Juli 1539 starb er. Von seinen Gärten und Palästen ist nichts mehr geblieben, nur ein Baum steht noch als Zeuge der früheren Herrlichkeit, aber ein bleibendes Denkmal hat er sich gegründet in seiner Bibliothek, die als Bibliotheca Columbina der Stolz der Stadt Sevilla bis in die heutige Zeit geblieben ist.

Charakterbild des Kolumbus

„Von den Parteien Gunst und Hass verwirrt, schwankt sein Charakterbild in der Geschichte." Schiller kennzeichnet mit diesem Wort die welthistorische Größe Wallensteins; man könnte keine treffendere Sentenz finden, um die Stellung zu charakterisieren, die Kolumbus in der Geschichte einnimmt. Einen Abgesandten Gottes haben ihn die einen genannt, bestimmt, die Verheißungen der Bibel zu erfüllen, einen Abenteurer die anderen, dem der launische Zufall eine neue Welt in den Schoß warf, um so dem Namen des Genuesen die Unsterblichkeit zu sichern, die er sonst nimmer erreicht hätte.

In der Tat vereinigt der Charakter des Amerikaentdeckers so widersprechende Züge, dass man die geteilte Meinung der Geschichtschreiber verstehen kann.

Ohne Zweifel besaß Kolumbus Eigenschaften, die ihn aus der Masse der übrigen Menschen heraushoben. Dahin gehört vor allem seine staunenswerte Energie und Zähigkeit in der Verfolgung seiner Ziele. Nachdem er einmal klar erkannt hatte, dass eine Fahrt nach Westen hin möglich sei, opferte er der Ausführung dieses Planes alles: Heimat, Liebe, Familie, Ruhe und Behaglichkeit. Vierzehn lange Jahre hat er gewartet, hat er allen Widerwärtigkeiten getrotzt, sich einen Schwätzer, einen Träumer nennen lassen, ist er von seinen Forderungen auch nicht um eines Haares Breite gewichen, selbst als an seiner Zähigkeit der ganze Plan zu scheitern drohte.

Und dieselbe unerschütterliche Ausdauer bewies er auf seinen Fahrten. Wenn seine Gefährten in den Wettern des Meeres, in den endlosen Tagen des Wartens, in der Todesangst des drohenden Schiffbruchs längst allen Mut verloren hatten, ragt er einsam in seiner echten Größe: Kolumbus. Nicht nur sich selbst wusste er aufrecht zu erhalten; an seiner Zuversicht, an seinen tröstenden Worten richteten sich auch die anderen wieder auf. Den Kolumbus muss man bewundern, der 32 Nächte sich keinen Schlaf gönnt, der, auf wrackem Schiff, selbst fiebermatt und in seinen Hoffnungen betrogen, noch Worte findet, um die längst Verzweifelten zu neuen Taten zu entflammen.

Man wird nicht fehl gehen, wenn man diese unerschütterliche Ausdauer, diese nie wankende Zuversicht auf Rettung in der Frömmigkeit wurzeln lässt, die den anderen hervorstechenden Charakterzug des Kolumbus bildet. Und diese Frömmigkeit war echt. Nicht Gewohnheit trieb ihn zu den Messen, nicht eine äußerliche Förmlichkeit war es, wenn er nach Vollbringung

seiner ersten Fahrt in der Kirche zu Palos vor den Stufen des Altars nieder-
fiel, sondern ein innerer Drang, ein Gefühl religiöser Gebundenheit, wie es
in jenen Zeiten besonders in Spanien häufig war. Er verehrte besonders den
heiligen Franz von Assisi, dem er sich wohl innerlich verwandt fühlte; denn
dieselbe Begeisterung für den heiligen katholischen Glauben, dieselbe Liebe zur Mutter Gottes lebte auch in ihm, und daher trug er dann und wann
wohl das braune Ordenskleid der Franziskaner. Kein Zweifel, bis zu einem
gewissen Grad war auch Kolumbus ein Schwärmer, denn nur ein solcher
konnte auf die Idee verfallen, die eroberten Schätze zur Befreiung des heiligen Grabes zu verwenden und sich in der Nähe des Paradieses zu wähnen.
War diese starke Religiosität auch ein Zug jener Zeit, so war er doch bei
Kolumbus besonders stark ausgeprägt und eben dies hebt ihn wieder über
seine Zeitgenossen empor.

Solche schwärmerische Naturen besitzen eine starke, leicht erregbare Phantasie, und so finden wir auch das Denken des Kolumbus von einer solchen
beherrscht. Er eilte mit seiner Einbildungskraft den Ereignissen stets weit
voraus, er hatte die Schätze Indiens schon, noch bevor überhaupt sein Fuß ein
Schiff betrat, er sah schon im Geist die Banner Kastiliens von Jerusalems
Zinnen wehen, als er noch kein Gramm Gold erbeutet hatte. Von ihr geblen-
det, hielt er die armseligen Fischervölker für die Bewohner des reichen Indiens, die goldführende Landschaft Cibao für Ophir, verstand er statt Kuba
nacan Khan, statt Ciamba Tschamba. Es ist erstaunlich, wie seine Phantasie
aus zufälligen geringen Übereinstimmungen und überlieferten Schilderungen
Bilder der Gegenden zusammenwob, die gefunden zu haben er sich einbilde-
te. In solcher überquellender Begeisterung vergaß er dann leicht das näher
liegende und nahm den Schein der Wahrheit für die Wahrheit selbst. Aber
andererseits erkennt man leicht, dass diese Phantasie eine der Hauptsäulen
seines Erfolges überhaupt gewesen ist; hätte ihn nicht sein inneres Schauen,
das ideale Bild, das seine Einbildungskraft ihm vormalte, mit fortgerissen,
hätte er die Einwürfe, die man ihm machte, alle klügelnd erwogen: nimmer-
mehr wäre er mit seinen drei Schiffen vom Hafen zu Palos ausgefahren.

Berechnender Verstand, kühle Überlegung traten in dem Charakter des
Kolumbus sehr zurück, aber großartig bleibt trotzdem seine scharfe Beobachtungsgabe in allem was die Natur betraf. Er entdeckt die Abweichung
der Magnetnadel, die Veränderung der Gestirne, des Klimas, der Pflanzen,
nachdem er eine bestimmte Zone überschritten, er urteilt treffend über die
Verteilung der Wärme, die Entstehung der Inseln, die Ursachen der Fruchtbarkeit. Mit dem geübten Blick eines Naturforschers unterschied er die
Pflanzen voneinander, erkannte er gewisse Ähnlichkeiten mit der Vegetati-

on seiner Heimat, bemerkte er unterscheidende Merkmale der verschiedenen Völkerschaften, mit denen er in Berührung tritt.

Und wie er sie sorgsam beobachtete, so liebte er die Natur, für deren Schönheiten er ein empfängliches Herz besaß. Die großartigen Landschaften der neuen Welt in ihrer Frische, ihrer Unberührtheit fordern immer und immer wieder sein Entzücken heraus. Stundenlang steht er in ehrfurchtsvoller Betrachtung vor diesen Wundern der Schöpfung, mit dem Schwung eines Dichters schildert er sie in seinen Briefen und Tagebüchern, so lebendig, so voller Begeisterung, dass er den Leser unwillkürlich mit fortreißt. Männer, die die Natur mit solchen Augen ansahen, waren in jener Zeit der Büchergelehrsamkeit sehr selten, und da er nicht bloß vereinzelte Tatsachen sammelt, sondern sie auch miteinander in Verbindung bringt, ihr gegenseitiges Verhalten zu bestimmen sucht, so erhebt er sich, wie Alexander von Humboldt, des Kolumbus wärmster Freund unter den Deutschen, sagt, zuweilen mit Kühnheit zur Entdeckung allgemeiner Gesetze, unter deren Herrschaft die Naturwelt sich befindet, und dieses Bestreben, die Resultate der Beobachtung zu verallgemeinern, verdient umso mehr Beachtung, als kein ähnlicher Versuch vor Kolumbus unternommen worden ist. Wenn dagegen viele seiner astronomischen Berechnungen nicht stimmten, so muss man die Unvollkommenheit der Apparate entschuldigend in Betracht ziehen, die ihm dazu zu Gebote standen; unzweifelhaft waren auch seine Kenntnisse in der Mathematik nicht ausreichend. Aber es war an sich schon ein großer Fortschritt, dass er solche Berechnungen überhaupt versuchte, wie z.B. den Abstand von Cádiz nach Westindien aus einer Mondfinsternis zu berechnen. Merkwürdigerweise war er gerade auf seine vermeintlichen astronomischen Kenntnisse sehr stolz, und er schrieb in diesem Sinn einmal: Es gibt nur ein sicheres und zuverlässiges Mittel, die Länder aufzusuchen, nämlich die Berechnungen der Astrologie. Derjenige, welcher es besitzt, kann durchaus sorglos sein.

Aber dieselbe Phantasie, die ihm auf der einen Seite zu seinem Erfolg, zu seiner Größe verhalf, spielte ihm die tollsten Streiche, wenn er, wo es nicht gehen wollte, dennoch die neuen Erscheinungen mit seinem überlieferten Wissen zu vereinigen suchte, am unglaublichsten da, wo er die Gestalt der Erde aus einer Kugel zu einer Birne machte, oder wo er, ohne zu prüfen, Flamingos für weißgekleidete Männer, Seekälber für Sirenen, ärmliche Indianer für reiche Völker des Orients hielt. Ganz besonders unterlag er dann ihren Täuschungen, wenn religiöse Vorstellungen sich damit verbanden. Dann verkündete er Visionen, die er niemals hatte, sah er St. Elmsfeuer an den Spitzen der Masten, hörte er himmlische Stimmen, die tröstend zu ihm sprachen, dann hielt er sich für den Abgesandten Gottes. Diese Meinung festigte sich bei ihm mit zunehmendem Alter mehr und mehr. Seine Schwärmerei wurde zum Mystizismus, zum Fatalismus der Propheten, der von sich sagt: Zur Ausführung meiner Fahrt nach Indien haben Vernunftschlüsse, Mathematik und Weltweisheit zu nichts geholfen. Es ist einfach in Erfüllung gegangen, was der Prophet Jesaja vorhergesagt hat. Schon in seinem Namen glaubte er eine Andeutung auf seine Mission als Messias der Heiden zu erblicken: Christophorus = Christbringer. Geheimnisvoll schrieb er daher mit pedantischer Genauigkeit unter jedes, auch das kleinste Schriftstück:

Schlußzeilen eines Briefes des Christoph Kolumbus an das katholische Königspaar.

La Sancta Trenydad guarde à Vuestras Alteças como deseo y menester habemos, con todos sus grandes estades y senorios De Granada à seys de hebrero de mill y quinientos y dos años. „Die heilige Trinität bewahre Eure Hoheiten, wie ich bitte und wie wir es bedürfen, mit allen ihren Staaten und Herrschaften. In Granada am 6. Febr. 1502" Dieser fromme Briefschluss ist nicht minder kennzeichnend für Kolumbus wie der mystische Bau seiner Unterschrift.

Dabei erhielten nur die vier ersten Buchstaben Punkte, und er hat das so eigensinnig überall durchgeführt, dass man geradezu an diesen vier Punkten die Echtheit der Briefe des Kolumbus erkennen kann. Was diese sonderbaren Zeichen bedeuten sollen, ist nicht ganz klar. Meist deutet man es so:

Supplex
Servus Altissimi Salvatoris
Christus Maria Joseph
Christopherens

d. h.

Demütiger
Diener des höchsten Erlösers
Jesus – Maria – Joseph
Christbringer.

Indem er an dieser Formel eigensinnig festhielt, betätigte er dieselbe Zähigkeit und Festigkeit des Charakters, die wir vorhin bewunderten, die aber, wenn sie wie hier, an unrechter Stelle sich äußert, leicht in Starrsinn übergeht. Es fehlt auch nicht an Schriftstellern, die ihm diesen Vorwurf machen, die sagen, er wollte nicht einsehen, dass er statt nach Indien in eine andere Gegend gekommen war, er wollte nichts davon wissen, dass er zum Vizekönig keine Begabung besäße; mit unbegreiflicher Hartnäckigkeit hielt er an dem fest, was er aus seinen Kosmographien gelernt hatte. Wer dem Entdecker wohl will, sagt, er konnte alles dies nicht einsehen nach der ganzen Art seines Wesens.

Die äußere Erscheinung des Kolumbus haben wir schon beschrieben, seine große kräftige Gestalt, sein länglich geformtes Gesicht mit den lebhaften blauen Augen, der Adlernase, dem frühzeitig ergrauten Haar. Viele Maler haben versucht, den Kolumbus im Bild darzustellen, aber keins von ihnen ist nach dem Leben gemalt, darum weichen sie auch so sehr voneinander ab. Sie sind jedenfalls nach den Beschreibungen angefertigt, die von Kolumbus im Umlauf waren; sie müssen aber schon deshalb nach seinem Tod gemalt worden sein, weil es in der Zeit von 1493-1506 noch keine spanischen Porträtmaler gab.

Wenn man das Leben des Entdeckers überblickt, so wird man es nicht glücklich nennen können; Kolumbus war keiner von den Menschen, die so geartet sind, dass alle Herzen ihnen zufallen. Trotz seines ernsten leutseligen Wesens war er einsam, ohne Freunde, abgesehen von wenigen, die sich die Mühe gaben, ihn zu verstehen. Sonst war er von sich zu sehr eingenommen, als dass andere sich zu ihm hätten hingezogen fühlen können, man fühlte sich in seiner Nähe nicht gesellig, da er stets ein Benehmen zur Schau trug, das alle Vertraulichkeit entfernte, und die spanischen Soldaten, die einem Mann wie Cortez bis in die Hölle gefolgt wären, liebten ihn nicht wegen seiner fremden Abstammung und seiner Habsucht, die seine eigenen Verdienste in einer Weise belohnt sehen wollte, dass für andere nicht viel übrig blieb.

Was ihm das Leben noch besonders schwer machte, war, dass er vergeben, aber nicht vergessen konnte, dass er alle Demütigungen tief empfand und nicht einsah, dass er an vielem selbst schuld war. Das machte jede Kränkung noch bitterer, aber statt sie zu vergessen, hielt er sie sich mit einer Art von selbstquälerischer Freude immer wieder vor; anders wenigstens kann man es nicht verstehen, dass er jene Kette, die ihm Bobadilla anlegte, wie eine Trophäe über seinem Schreibtisch befestigte.

Das Leben hat ihm überhaupt nicht viel geboten, er konnte sich keinen Günstling des Glücks nennen. Abgesehen von der Zeit, da er von seiner ersten Reise zurückgekehrt, am spanischen Hof im höchsten Ansehen stand und die man den Höhepunkt seines Lebens nennen könnte, gleicht sein Leben einer Bahn, die durch Widerwärtigkeiten aufwärts und nach einer kurzen Spanne des Glückes durch noch ärgere Hemmnisse abwärts führt. Daher auch redet er von der öden, traurigen Welt, die man nach dem Tod nicht vermissen wird. Und trotzdem, muss man sagen, blieb ihm die ärgste Enttäuschung noch erspart, er konnte noch in dem Glauben sterben, er habe das Festland von Asien entdeckt, wenige Jahre später wurde dieser Traum für immer zerstört. Nur der Name „Westindische Inseln" erinnert heute noch daran, dass der Entdecker dieser Eilande Indien da gesucht hat, wo ein neuer Kontinent aus den Fluten des Meeres emporstieg. Welcher Schmerz für ihn, wenn er hätte zugeben müssen, dass er sich geirrt, dass er sein ganzes Leben einem Unternehmen geopfert habe, das schließlich einen Ausgang nahm, den er weder gewünscht noch erwartet hatte! Dann hätte er es erleben müssen, dass seine Widersacher recht hatten, wenn sie sagten, er sei ein Prahler, der nicht Wort gehalten; nach Indien, dem Land des Reichtums habe er sie führen wollen, und in eine Welt habe er sie gebracht, wo es alles das nicht gebe, was er ihnen versprochen hatte. Auf der anderen Seite aber war es eine günstige Wendung des Schicksals, dass Kolumbus an diesen Ländern landen musste, die nicht Indien waren. Kein Mensch vermöchte zu sagen, was aus Kolumbus und seinen Schiffen geworden wäre, wenn er hätte noch die ganze Breite des Stillen Ozeans durchmessen müssen, der Amerika und Indien und dem Ostrand Asiens trennt.

So hinterließ er seine Aufgabe, den Westen mit den morgenländischen Kulturreichen zu verknüpfen, nur halberfüllt; es ist anderen beschieden gewesen, den Plan vollständig auszuführen. Das ändert aber an der Größe und den Verdiensten des Kolumbus nichts. Worin der eigentliche Verdienst bestanden habe, charakterisiert Sophys Ruge, der treffliche Geschichtsschreiber des Zeitalters der Entdeckungen, in Wilhelm Onckens allgemeiner Weltgeschichte mit folgenden Gedanken:

„Im Allgemeinen repräsentiert sich in Kolumbus der unverwüstliche Drang seiner Zeit zu großen Entdeckungen, der auch nach seinem Tod nicht erlosch. Aber seine unerschütterliche Ausdauer, durch die er andere so hoch überragte, entsprang seinem schwärmerischen Glauben. Dieser gab ihm den Mut, auf seinen ungemessenen Forderungen zu bestehen, ehe noch die Unternehmung gesichert war, dieser verlieh ihm auch die unvergleichliche Energie, welche er von der ersten bis zur letzten Reise bewies. In dieser unerschütterlichen Überzeugung, in diesem Glauben an sich selbst lag eine Größe, welche auch seine Genossen zuweilen mit fortriss."

Der Name Amerika

Es dauerte nach dem Tod des Kolumbus nicht länger als 42 Jahre, bis man allgemein zu der Überzeugung gekommen war, dass ein neuer Kontinent aufgefunden und dass hinter ihm noch ein anderes Weltmeer zu bezwingen sei, bevor man nach Indien kommen würde. Am 21. Oktober 1520 fuhr Magalhães um die Südspitze von Südamerika herum und fand so ganz unten im Süden den Durchgang, den Kolumbus am Isthmus von Mittelamerika vergeblich gesucht hatte. Andere Entdecker entschleierten zugleich die mittelamerikanische Landenge, Teile von Nordamerika traten in den Gesichtskreis, und so darf man sich nicht wundern, dass schon 1540 eine Karte von Südamerika erschien, die ein ziemlich treffendes Bild des neuen Erdteils gibt.

Kolumbus war um diese Zeit schon vergessen; da er selbst nicht an einen neuen Kontinent geglaubt hatte, so war es ganz natürlich, dass andere, die nun diese neue Wahrheit der Welt verkündeten, das Interesse der Leser mehr in Anspruch nahmen. Von den Reisen des Kolumbus waren nur die erste und die vierte durch Briefe des Kolumbus bekannt, von denen einer, der Brief an den Schatzmeister Sanchez vom 14. März 1493, sogar ins Deutsche übersetzt worden war. Aber diese Briefe waren keine eigentlichen Reisebeschreibungen, keine Schilderungen der „Neuen Welt", wie die entdeckten Inseln und Festländer allgemein genannt wurden.

Aber nicht lange brauchte die alte Welt darauf zu warten; 1503 erschien die Beschreibung einer Reise nach Brasilien. Sie entstammte offenbar der Feder eines gewandten Schriftstellers, der eine frische Beobachtungsgabe besaß und vor allen Dingen das Leben der eingeborenen indianischen Völker in interessanter, flotter Weise schilderte, so dass sich ein zahlreiches Lesepublikum zu den Briefen fand, die in lateinischer, deutscher und italienischer Sprache erschienen. Der Schriftsteller war A m e r i g o V e s p u c - c i , ein Landsmann des Kolumbus aus Florenz, wo er am 9. März 1454 als Sohn eines Notars geboren war. Er erhielt einen guten Unterricht und wendete sich 1493 wie so viele seiner Landsleute nach Spanien. Hier trat er in den Dienst eines italienischen Handlungshauses, welches mit dem indischen Amt Spaniens in Geschäftsverbindung stand und Schiffe zu den neu entdeckten Inseln ausrüstete. Als 1499 Hojeda auf eine Entdeckungsfahrt auszog, ging Vespucci mit und sah zum ersten Mal die Neue Welt, d. h. die Nordküste von Südamerika, Trinidad und Haiti. Was er gesehen, veröffentlichte er in seinen Briefen. Dasselbe tat er nach Vollendung seiner anderen Reisen, deren er, wie Kolumbus, im Ganzen vier unternommen hat.

Im Jahr 1505 begegnete er in Sevilla auch Kolumbus selbst, der damals, verbittert über den schnöden Undank, den er geerntet, sein Herz wohl dem Vespucci ausgeschüttet haben mag. Kolumbus war von seinem Landsmann sehr eingenommen, zumal Vespucci ihm ein Leidensgenosse zu sein schien. Amerigo hatte aus unbekannten Gründen den portugiesischen Dienst verlassen, in dem er 1501 eine Reise nach Brasilien mitgemacht hatte. Kolumbus schrieb damals an seinen Sohn: „Vespucci hat sich mir immer gefällig erwiesen. Dem ehrenhaften Mann ist das Glück abhold geblieben, wie so vielen anderen. Auch er hat den gebührenden Lohn für seine Leistungen nicht empfangen." Später scheint er ihn aber doch noch bekommen zu haben, denn 1508 wurde Vespucci spanischer Reichspilot mit einem hohen Gehalt von 200 Dukaten (4000 M). Der Reichspilot hatte die Aufgabe, die Steuerleute, die sich mit den neueren Ergebnissen der Nautik und Geographie bekannt machen mussten, über ihre Kenntnisse zu prüfen. Außerdem sollte er die heimkehrenden Seefahrer ausfragen und danach Karten zeichnen, damit endlich einmal eine richtige Anschauung der Neuen Welt gewonnen würde, denn bis dahin zeichnete fast jeder, der von einer Reise zurückkam, eine Karte und behauptete, sie allein sei richtig. Vespucci bekleidete sein Amt, das er aufgrund seiner mathematischen Kenntnisse erhalten hatte, bis zu seinem Tod 1512. Die von ihm gezeichneten Karten sind nicht mehr vorhanden, sie scheinen aber sehr gut gewesen zu sein, denn Vespucci wusste mit den nautischen Instrumenten, mit Astrolabium und Quadranten wohl umzugehen. Allerdings stellte er, darin noch ruhmrediger als sein Landsmann Kolumbus, sein Licht auch nicht unter einen Scheffel, denn er sagt von sich: „Außerdem belehrte ich die Steuerleute über den Gebrauch der Seekarten und zwang ihnen das Geständnis ab, dass die gewöhnlichen Steuermänner, unwissend wie sie sind, in der Kosmographie nichts verständen im Vergleich mit mir. Längenbestimmungen zu machen ist eine äußerst schwierige Sache, und nur diejenigen Personen verstehen es, welche sich den Schlaf versagen können. Ich habe die nächtliche Ruhe so oft gemieden, dass ich mein Leben dadurch um zehn Jahre verkürzt habe, ein Opfer, welches ich keineswegs bedaure, weil ich hoffe, dadurch in späteren Jahrhunderten mir noch Nachruhm zu erwerben."

Es ist kein Wunder, dass beim Lesen solcher Worte, die sich in die ausgezeichnete Schilderung der Neuen Welt einflochten, manche der Meinung waren, dass Amerigo Vespucci der Entdecker sei. Denn von Kolumbus hörte man ja in diesen Briefen gar nichts. Das war besonders in Deutschland der Fall. Hier hatte ein Professor an dem Gymnasium zu St. Die in den Vogesen,

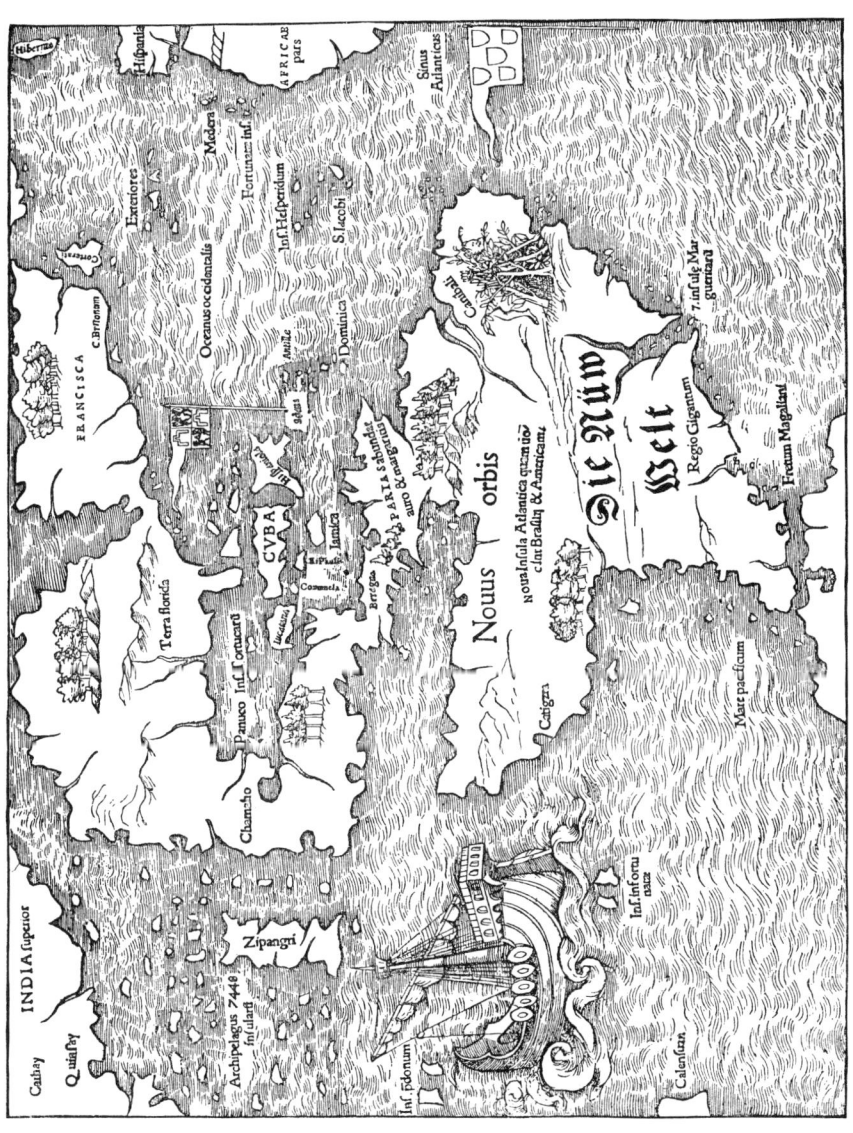

Faksimile einer Karte von Amerika zu Anfang des XVI. Jahrhunderts.
Aus der Kosmographie des Sebastian Münster 1540.

namens W a l d s e e m ü l l e r, der in Freiburg im Breisgau geboren war und hier auch studiert hatte, im Jahre 1507 eine kleine Schrift nach den Briefen des Vespucci verfasst. Das Büchlein war lateinisch geschrieben, hatte den Titel: Vier Schifffahrten (Quattuor navigationes), und erwähnt ganz kurz auch den Kolumbus, der ein portugiesischer Admiral genannt wird. Darum schlug nun Waldseemüller, oder wie er sich, der Sitte der damaligen Zeit folgend, halb griechisch halb lateinisch nannte, Hylacomilus, vor, den vierten Erdteil Ameriga oder Amerika, gleichsam das Land des Amerigo zu nennen, weil es von ihm entdeckt worden sei. Vespucci selbst redete in seinen Briefen immer nur von der „Neuen Welt", und so wurde der Erdteil auch lange Zeit noch besonders in Spanien genannt.

Aber der deutsche Professor fand bald Nachahmer, namentlich deutsche und schweizerische Gelehrte bedienten sich des Namens; schon 1522 erscheint er auf den Karten, und da die Schilderungen des Vespucci so außerordentlich verbreitet waren, so festigte sich der Gebrauch allmählich so, dass im 17. Jahrhundert der Name Amerika allgemeine Gültigkeit besaß.

Es waren also deutsche Gelehrte, die, weil sie den Verdienst des Kolumbus nicht genau kannten und in seiner ganzen Bedeutung würdigten, aus reiner Willkür den neu entdeckten Weltteil nach einem Namen benannten, der dazu nicht das geringste Recht hatte. Denn ganz richtig sagt Alexander von Humboldt: „Amerika gehört demjenigen, der davon zuerst den kleinsten Teil Landes gesehen hat". Sicherlich hätte sich das Wort aber nicht so schnell eingebürgert, wen nicht eine so merkwürdige, dem Ohr fast sich aufdrängende Ähnlichkeit mit den Namen der anderen Erdteile: Asien, Afrika, Europa vorhanden gewesen wäre.

Die Entdeckungen des Kolumbus und seiner Nachfolger erregten in Europa ungeheures Aufsehen, anfangs natürlich hauptsächlich bei den Gelehrten, die zuerst davon erfuhren. Ein sehr gelehrter Mann, Pomponius Lätus, sprang, als ihm sein Freund von den Erfolgen der Westfahrt erzählte, vor Entzücken auf und konnte sich, wie er schreibt, kaum der Freudentränen erwehren. Papst Leo X. las die Berichte, die Peter Martyr, ein ausgezeichneter mit Kolumbus befreundeter Schriftsteller am spanischen Hof, ihm einsandte, bis tief in die Nacht hinein seiner Schwester und seinen Kardinälen vor; in allen Ländern Europas erschienen Berichte, Beschreibungen, die mit Begierde gelesen wurden.

Jedes Jahr beinahe erhielt man Kunde über neue Erscheinungen. Die erste Weltumsegelung führte es auch dem ärgsten Zweifler vor Augen, dass die Erde eine Kugel sein müsse, man erkannte, wie viele falsche Lehren und Meinungen sich sogar in den Schriften des Aristoteles fanden, man sah,

AMERICVS VESPVTIVS FLORENTINVS · TERRÆ BRESILIANÆ INVENTOR ET SVBACTOR ·

NIL INTENTA-
TVM

Amerigo Vespucci.
Nach einem alten Kupferstich.

dass die heiße Zone bewohnbar, das Meer nicht von Ungeheuern und Schrecknissen belebt sei. Zum ersten Mal wurde ein großer Ozean befahren, wurden neue Anschauungen von Meeres- und Luftströmungen, Winden gewonnen, neue Sterne am südlichen Himmel entdeckt, kurz, der Horizont der Alten Welt wurde mächtig erweitert. Neue Aufgaben traten damit an die Gelehrten heran, ein ungemessenes Feld der Entdeckung war den Abenteuerlustigen eröffnet und lockte die Menschheit der Alten Welt, die alten Bahnen zu verlassen und in neue einzulenken.

Neben diesen rein geistigen Folgen kommen materielle Errungenschaften in Betracht. Die Neue Welt schenkte der Alten zwar nur ein Haustier, den Truthahn, dafür aber eine Anzahl von Pflanzen, deren Kultivierung von starkem Einfluss auf die Gestaltung des täglichen Lebens in Europa gewesen ist. Schon zeitig wurde der Mais nach Spanien verpflanzt, mit der Kartoffel brachte, wenn auch ihr Nutzen erst sehr spät erkannt wurde, Franz Drake eine segensreiche Frucht nach Europa. Vanille und Kakao, und vor allem der Tabak hielten ihren siegreichen Einzug. Schon um 1550 rauchten die spanischen Matrosen zum Entsetzen der Geistlichkeit in den Häfen ihr Pfeifchen, und so großen Anklang fand dieser Genuss unter den Männern von Europa, das alle Verbote der Kirche sich als ohnmächtig erwiesen.

Als sich dann bei den späteren Eroberungszügen der Reichtum der Neuen Welt an edlen Metallen offenbarte, da strich Spanien ungeheure Schätze ein. Was Cortez aus Mexiko, was Pizarro aus Peru nach Europa geschleppt hat, das hat tausendfältig die Kosten vergütet, die durch die Reisen des Kolumbus der spanischen Regierung entstanden sind, und wenn Karl V., unter dessen Regierung Spanien diese ungeheure Bereicherung erfuhr, von sich sagen konnte, in seinem Reich gehe die Sonne nicht unter, so verdankt er diese Macht im letzten Grund der Ausdauer jenes Genuesen Kolumbus, der in Spanien zwar eine neue Heimat, aber auch so viel Undank gefunden hatte.

Denkmünze zur 400jährigen Jubelfeier der Entdeckung der Neuen Welt.